새 연세한국어 어휘와 문법 1-2

연세대학교 한국어학당 편

연세대학교 출판문화원

머리말

연세대학교 한국어학당은 1959년에 설립된 한국 최초의 외국어로서의 한국어 교육 기관이다. 연세대학교 한국어학당은 그간의 역사와 명성에 걸맞게 다양한 한국어 교재 편찬 및 관련 연구를 해옴으로써 한국어 교육을 선도해 왔다. 지금까지 전 세계에서 온 약 150여 개국의 17만여 명에 이르는 한국어 학습자에게 한국어와 한국 문화를 가르쳐 왔으며, 최근에는 빠른 속도로 변화해 가는 교육 환경에 맞추어 오프라인 한국어 교육뿐만 아니라 온라인 한국어 교육 콘텐츠 개발에도 노력을 기울이고 있다. 이미 세계 각국의 한국어 학습자를 대상으로 글로벌 온라인 대중 공개 강좌(MOOC)를 개설하여 학습자들로부터 큰 호응을 얻었고 연세대학교 온라인 교육 혁신 플랫폼인 런어스(LearnUs)에도 최신 기술을 활용한 한국어 콘텐츠를 올려서 학습자들을 만나는 중이다.

연세대학교 한국어학당은 그간 일반 목적 한국어 학습자들뿐만 아니라 특수 목적 한국어 학습자들을 대상으로 정규과정, 단기과정, 대학 한국어 과정 등 다양한 교육과정을 개설 운영하면서 학습자의 요구에 부응하는 최상의 교재를 개발해 왔다. 이러한 교재들은 국내외의 한국어 교육 기관에서 교사와 학습자들의 다양한 요구를 충족시키며 양질의 한국어 교수·학습을 위해 널리 사용되고 있다.

연세대학교 한국어학당은 그간 가장 큰 호응을 받아 왔던 '연세한국어' 1급~6급의 뒤를 이을 새로운 교재로 '새 연세한국어' 시리즈를 기획 출간하게 되었다. 이 교재의 개발을 위해 한국어 교육 현장 경험이 풍부한 전문 한국어 교육학자 및 교사들이 대거 투입되었고 최상의 한국어 교수법 및 학습자 집단의 요구에 대한 이해를 바탕으로 개발 작업이 장기간에 걸쳐 수행되었다.

이번에 출간된 '새 연세한국어' 시리즈는 총 6단계로 각 단계마다 어휘와 문법 교재, 말하기와 쓰기 교재, 듣기와 읽기 교재로 구성되어 있다. '새 연세한국어 어휘와 문법'은 한국어 학습자들이 각 숙달도별로 가장 필수적으로 익혀야 하는 주요 어휘와 문법에 대한 이해와 활용을 중심으로 구성되었다. '새 연세한국어 말하기와 쓰기'는 원활한 한국어 의사소통을 위해 꼭 필요한 표현 기능을 수행할 수 있도록 말하기, 쓰기 과제를 중심으로 구성되었다. 또한 '새 연세한국어 듣기와 읽기'는 듣기, 읽기 과제를 중심으로 각 급별 숙달도에 적절한 이해 능력을 함양시킬 수 있도록 구성되었다. 이 세 권의 교재는 어휘·문법, 표현, 이해 능력의 고른 발달을 위해 패키지로 함께 사용될 수도 있고, 교육 현장 여건이나 학습자의 요구에 따라 별도로 사용될 수도 있다. 또한 어휘와 문법 교재의 경우 별도의 지침서가 무료로 제공되므로 교육 경험이 다소 부족한 국내외의 한국어 교사들에게 유용한 길잡이가 될 수 있을 것이다.

연세대학교 한국어학당은 앞으로도 전 세계의 한국어 학습자들의 요구와 기대에 부응하는 교재 개발을 위해 최선을 다할 것이다. 아울러 본 교재가 국내외에서 한국어 교육을 위해 노력을 아끼지 않는 많은 교사와 한국어 학습을 위해 노력하는 모든 학습자들에게 크게 도움이 되기를 바란다.

연세대학교 언어연구교육원

한국어학당 교재편찬위원회

일러두기

교재 전체 구성

- 총 20개의 과로 각 과는 두 개의 항씩 총 40개의 항으로 이루어짐.
- 항별로 연습 문제가 수록되어 있고 과별로 복습문제가 수록되어 있음.
  (1항 - 1항 연습 문제 - 2항 - 2항 연습 문제 - 복습문제)
- **어휘:** 해당 항의 대화 어휘와 그 과의 주제와 관련이 있거나 1급에서 습득해야 할 어휘와 표현을 확장하여 제시함.
- **문법:** 항별로 두 개씩의 문법 항목을 제시하여 한 과에 총 네 개의 문법 항목이 있음.
- **연습 문제:** 배운 문법을 연습할 수 있도록 함.
  -1번: 조사 선택이나 두 문장을 연결하여 한 문장으로 쓰기 등의 단순한 문법 연습으로 이루어짐.
  -2번: 대화를 완성하거나 그림을 보고 스스로 문장을 만드는 등의 문제를 통해 맥락 안에서 문법 사용을 연습 하도록 함.
- **복습문제:** 과 전체(두 개의 항)의 어휘와 문법을 확인 학습할 수 있도록 함.
  -1번: 과 전체 어휘를 모두 아우르는 문제로 이루어짐.
  -2번: 과 전체 문법을 모두 아우르는 문제로 이루어짐.
- **모범답안:** 연습 문제와 복습문제의 모범답안을 제시하여 혼자 연습하는 학습자의 경우에도 도움을 받을 수 있도록 함.
- **색인:** 어휘와 문법 색인에는 각 과에서 다루어진 어휘와 문법을 각각 가나다 순으로 정리하여 제시하였음.
- **별책:** 한글에 대한 설명을 번역해서 실어 학습자들이 한글에 대한 기초 지식을 알도록 함.
  대화, 어휘, 문법의 의미와 용법, 문법 용례를 번역해서 실어 학습자들이 별책만을 가지고도 쉽고 간편하게 연습할 수 있도록 함.

세부 내용 구성

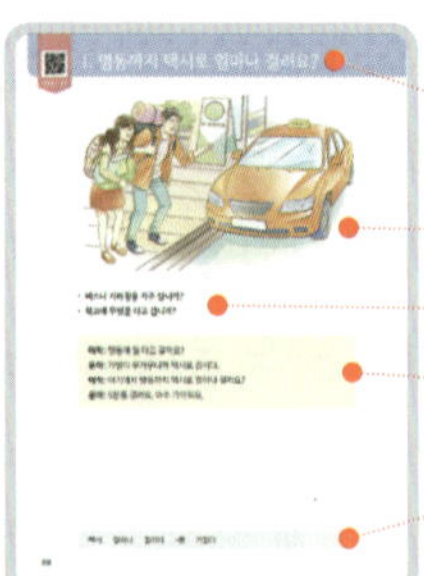

- **항 제목:** 본문 대화 중 문법 항목이 있는 문장으로 선정
- **도입 그림:** 항의 주제나 본문 대화와 관계있는 그림을 제시함.
- **도입 질문:** 그림이나 본문 대화와 관계있는 질문으로 제시함.
- **대화:** 두 사람의 대화로 구성하였으며 1~2개의 대화 쌍으로 이루어짐.
- **대화 어휘:** 대화를 연습할 때 알아야 할 어휘를 아래에 제시함.

- **확장 어휘**
  해당 항의 주제와 관련이 있거나 1급에서 습득해야 할 어휘와 표현을 확장하여 제시함. 또한 학습자들이 제시된 어휘 항목을 쉽게 이해하고 학습할 수 있도록 그림이나 사진을 넣음.
- **어휘 연습**
  배운 어휘를 학습자가 제대로 이해했는지 바로 확인할 수 있도록 그림을 보고 쓰거나 말하는 문제로 제시함. 모범답안을 제시함.

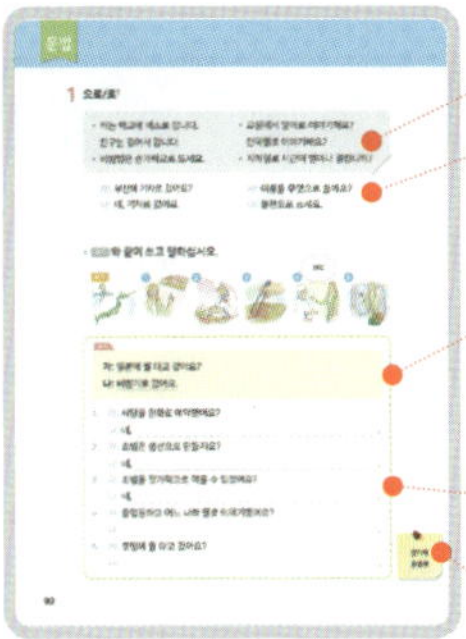

- **문법:** 해당 항의 문법을 제시함.
- **문법 예문:** 학습자가 예문을 통하여 제시된 문법을 잘 이해할 수 있도록 4개의 문장을 제시함. 언어권별로 번역한 문장을 별책에 수록함.
- **문법 대화:** 학습자가 대화 상황을 통해 제시된 문법을 잘 이해할 수 있도록 두 개의 대화를 보여주되 교재 앞부분에는 문장을 제시하기도 함. 언어권별로 번역한 대화를 별책에 수록함.
- **문법 연습:** 배운 문법을 맥락 안에서 적절히 사용할 수 있도록 만든 문제로 제시한 <보기>를 보고 문제에 답할 수 있도록 함. 모범답안을 제시함.
- **추가 어휘:** 배우지 않은 어휘가 있을 경우 옆에 추가로 제시함.

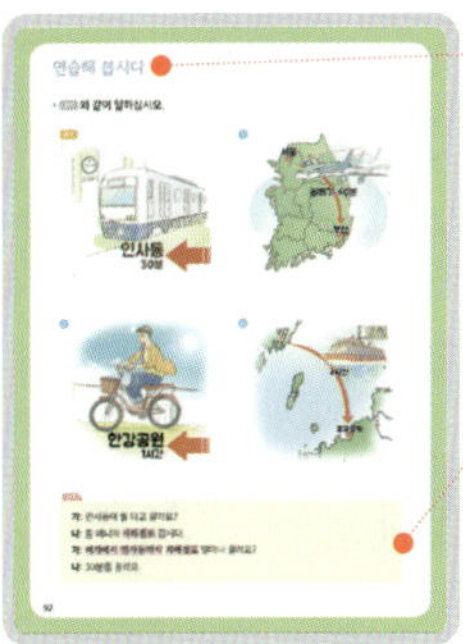

- **연습해 봅시다**

  각 항의 문법을 모두 아울러 앞에서 제시한 대화와 유사한 형식으로 말할 수 있도록 함. 모범답안을 제시함.
- **<보기>대화**

  앞에서 제시한 대화와 유사한 형식으로 제시하여 학습자가 쉽게 연습할 수 있도록 함.
- **추가어휘**

  배우지 않은 어휘가 있을 경우 아래에 추가로 제시함.

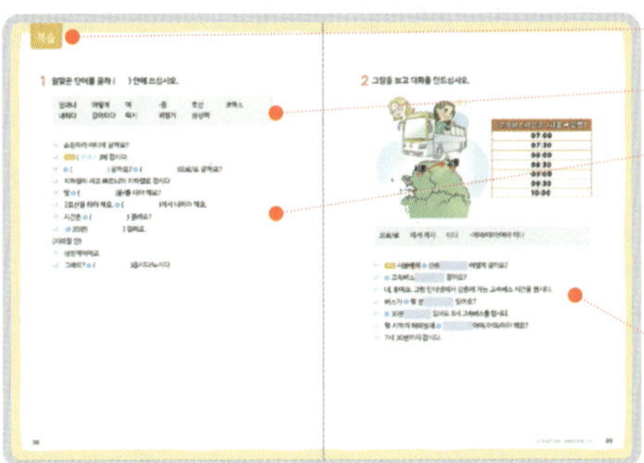

- **복습:** 과 전체의 어휘와 문법을 확인 학습할 수 있도록 함.
- **어휘:** 배운 어휘들 중에서 골라 답을 쓸 수 있도록 함.
- **1번:** 과 전체 어휘를 모두 아우르는 문제로 확장 어휘는 앞에서 확인 학습을 하였으므로 복습에서는 본문 대화 어휘를 위주로 하여 추가 어휘까지 모두 복습·확인할 수 있도록 함.
- **2번:** 과 전체 문법을 모두 아우르는 문제로 네 개의 문법 항목을 하나의 담화 상황에서 사용하여 연습할 수 있도록 함.

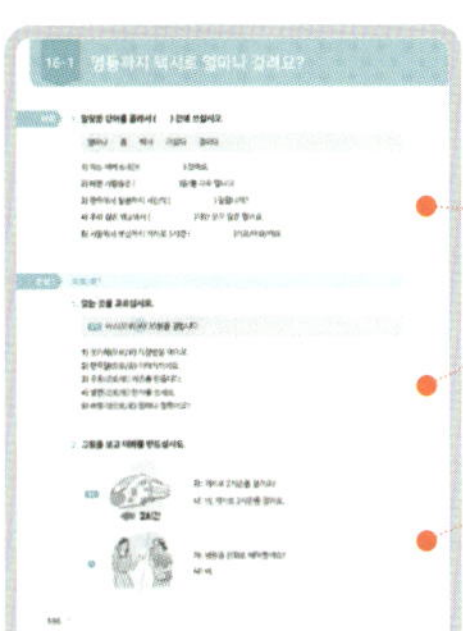

연습 문제

- **1번:** 대화 어휘 연습으로 이루어짐.
- **2번:** 조사 선택이나 두 문장을 연결하여 한 문장으로 쓰기 등의 단순한 문법 연습으로 이루어짐.
- **3번:** 대화를 완성하거나 그림을 보고 스스로 문장을 만드는 등의 문제를 통해 맥락 안에서 문법을 사용할 수 있게 연습하도록 함.

단원구성

과	소단원	문법	대화 어휘	확장 어휘
11과 약속	1. 날씨가 좋으니까 공원에 갑시다	-은 후에 -으니까[1]	약속, 한강공원, 가끔, 요즘, 자전거를 타다	약속 시간, 약속 장소, 약속을 지키다, 약속을 하다, 약속이 없다, 약속이 있다 · 가끔, 날마다, 자주
	2. 심심한데 놀이공원에 갈까요?	-는데[1] 이나[1]	놀이공원, 드라마, 심심하다, 글쎄요	공원, 극장, 놀이공원, 동물원, 미술관, 박물관, 영화관, 카페
12과 가족	1. 아버지께서 무슨 일을 하십니까?	-으시다 께서	교수, 대학교, 아버지, 역사, 이분	남동생, 누나, 부모님, 아버지, 어머니, 언니, 여동생, 오빠, 외할머니, 외할아버지, 할머니, 할아버지, 형, 형제, 계시다, 드시다, 말씀하시다, 잡수시다, 주무시다
	2. 어머니께서 요리를 잘하세요	-으세요[1] -으세요[2]	과자, 뭐, 요리, 와, 이게	구경하다, 그림을 그리다, 독서를 하다, 사진을 찍다, 요리를 하다, 춤을 추다 · 누가, 누구, 누굴, 무엇, 뭐, 뭐가, 뭘, 이거, 이걸, 이것, 이게
13과 쇼핑	1. 짧은 치마를 살까요?	-은[1] 보다	얼마, 원, 치마, 그래요, 길다, 짧다, 더, 만	값, 구두, 만, 바지, 백, 슬리퍼, 신발, 십만, 와이셔츠, 우산, 운동화, 천, 치마, 코트, 티셔츠, 가볍다, 길다, 두껍다, 무겁다, 비싸다, 싸다, 얇다, 짧다
	2. 여자들이 제일 좋아하는 꽃이 뭐예요?	-는 에[2]	들, 송이, 스물(스무), 장미, 찾다, 제일, 어서 오세요	가게, 곳, 면세점, 바나나, 백화점, 슈퍼마켓, 시장, 양말, 주스, 크림빵, 잘 · 권, 벌, 송이, 자루, 장, 켤레
14과 생일	1. 모두 같이 먹을 케이크를 샀어요	에게 -을	모두, 선물, 케이크, 화장품, 선물하다, 이따가	것, 꽃다발, 넥타이, 상품권, 생신, 시디, 액세서리, 이메일, 인형, 향수, 화장품, 드리다, 말씀드리다, 말하다, 보내다, 연락드리다, 연락하다, 인사드리다, 인사하다, 전화드리다, 전화하다, 주다, 그래서, 그렇지만, 그리고
	2. 이건 우리가 준비한 생일 케이크예요	-은[2] 르 동사	초콜릿, 고르다, 준비하다, 축하하다, 정말	여기저기, 생일축하 노래를 부르다, 선물을 고르다, 카드를 쓰다, 케이크를 자르다, 풍선을 불다 · 고르다, 다르다, 모르다, 부르다, 빠르다, 자르다

과	소단원	문법	대화 어휘	확장 어휘
15과 전화	1. 전화번호 좀 가르쳐 주세요	-지요? -어 주다	전화번호, 좀, 잠깐만요	국가 번호, 전화번호, 지역 번호, 휴대전화
	2. 유키 씨에게서 전화를 받았어요?	에게서 -을 수 있다	이야기, 파티, 여보세요, 전화를 받다	뉴스, 전화하다, 통화중이다, 문자메시지를 받다, 문자메시지를 보내다, 전화가 오다, 전화를 걸다, 전화를 끊다, 전화를 바꾸다, 전화를 받다
16과 교통	1. 명동까지 택시로 얼마나 걸려요?	으로[1] 에서 까지	택시, 가깝다, 걸리다, 얼마나, -쯤	고속버스, 공항버스, 기차, 배, 버스, 비행기, 오토바이, 자전거, 젓가락, 종업원, 지하철, 택시 · 시간
	2. 지하철은 몇 분마다 와요?	-어야 하다 마다	삼성역, 코엑스, 호선, 내리다, 어떻게	고속버스터미널, 공항, 역, 정류장, 학생증, 갈아타다, 끄다, 내리다, 도착하다, 출발하다, 타다 · 번
17과 길 찾기	1. 사거리에서 오른쪽으로 가세요	-으면 으로[2]	미터, 사거리, 약국, 오른쪽, 실례지만, 저	그쪽, 오른쪽, 왼쪽, 이쪽, 저쪽, 지하, 층, 한복, 물어보다, 똑바로
	2. 횡단보도를 건너서 왼쪽으로 오세요	-요? -어서[2]	거기, 건너편, 횡단보도, 건너다, 보이다	건너편, 약, 육교, 지하도, 출구, 화장실, 횡단보도, 건너다, 나가다, 내려가다, 들어가다, 올라가다
18과 날씨와 계절	1. 비가 오는군요	-는군요 -을 것 같다	일기예보, 따뜻하다, 가지고 오다, 비가 오다, 우산을 쓰다	물건, 따뜻하다, 맑다, 선선하다, 쌀쌀하다, 흐리다, 눈이 오다, 바람이 불다, 비가 오다
	2. 벚꽃을 구경하면서 천천히 걸읍시다	-는 것 같다 -으면서	벚꽃, 봄, 피다, 소풍을 가다	계절, 눈사람, 팝콘, 눈싸움을 하다, 단풍을 구경하다, 담배를 피우다, 소풍을 가다, 해수욕장에 가다 · 봄, 여름, 가을, 겨울

과	소단원	문법	대화 어휘	확장 어휘
19과 여행	1. 토요일에 전주에 가려고 해요	-으려고 하다 -는 게 어때요?	민박집, 전주, 민박하다, 아직	게스트하우스, 민박집, 여행, 여행사, 콘도, 펜션, 호텔, 계획을 세우다, 여행을 가다
	2. 여행 갈 준비를 하고 있어요	-고 있다 못	모자, 떠나다, 싸다, 다	모자, 선글라스, 약, 여권, 우산, 충전기, 신다, 쓰다, 돈을 바꾸다
20과 방학과 휴일	1. 학기가 시작되기 전에 만날 수 있어요?	-기 전에 -겠다[1]	학기, 돌아오다, 방학하다, 시작되다, 한번	끝, 방학, 방학 중, 시작, 학기 중, 방학하다, 방학이 끝나다, 방학이 시작되다, 학기가 끝나다, 학기가 시작되다
	2. 세배할 거예요. 맛있는 떡국도 먹고요	-지 않아요? -고요	댁, 떡국, 설날, 세배하다	설날, 어린이날, 음력, 크리스마스, 크리스마스트리, 한글날, 휴가, 휴일

차례

등장인물 | Main characters

에릭 파커
- 미국
- 어학당 학생
- 한국전자 직원

존 카마우
- 케냐
- 어학당 학생
- 교환학생

사토 유키
- 일본
- 어학당 학생
- 기자

리타오
- 중국
- 어학당 학생
- 대학 입학 예정자

노라 한슨
- 노르웨이
- 어학당 학생
- 대학원 입학 예정자

최주앙
- 브라질
- 어학당 학생
- 대학 휴학생

응웬 흐엉
- 베트남
- 어학당 학생

레오 마르탱
- 프랑스
- 어학당 학생
- 요리사

올리비아 스미스
- 호주
- 어학당 학생
- 외교관

이윤아
- 한국
- 대학생

정하늘
- 한국
- 대학생

김우진
- 한국
- 한국전자 직원

11과

약속

01 날씨가 좋으니까 공원에 갑시다

대화 어휘: 약속, 한강공원, 가끔, 요즘, 자전거를 타다

확장 어휘: 약속시간, 약속장소, 약속을 지키다,
약속을 하다, 약속이 없다, 약속이 있다
· 가끔, 날마다, 자주

문법: -은 후에
-으니까[1]

02 심심한데 놀이공원에 갈까요?

대화 어휘: 놀이공원, 드라마, 심심하다, 글쎄요

확장 어휘: 공원, 극장, 놀이공원, 동물원, 미술관,
박물관, 영화관, 카페

문법: -는데
이나[1]

1. 날씨가 좋으니까 공원에 갑시다

MP3 / 21

- 친구들을 자주 만나요?
- 친구들을 보통 언제 만나요?

에릭: 내일 약속이 있어요?

존: 아니요, 내일 약속이 없어요.

에릭: 그럼 수업이 끝난 후에 자전거를 타러 갈까요?
저는 가끔 공원에서 자전거를 타요.

존: 좋아요. 요즘 날씨가 좋으니까 한강공원에 갑시다.

약속　자전거를 타다　가끔　요즘　한강공원

약속 시간

약속 장소

약속을 하다

약속이 있다

약속이 없다

약속을 지키다

• 보기 와 같이 쓰십시오.

보기

1

2

3

4

5

보기

노라 씨와 올리비아 씨는 약속을 했어요~~었어요/았어요/였어요.~~

1. ______________ 은/는 3시예요.
2. ______________ 은/는 백화점 앞이에요.
3. 노라 씨는 토요일에 ______________ 어요/아요/여요.
4. 노라 씨는 일요일에 ______________ 어요/아요/여요.
5. 올리비아 씨는 ______________ 지 못해요.

어휘

날마다 한국말을 공부합니다.
자주 농구를 합니다.
가끔 테니스를 칩니다.

● 보기 와 같이 말하십시오.

12월 ○ 아르바이트, 수영

월	화	수	목	금	토	일
			1	2 영화	3	4 청소
5 도서관	6	7 도서관	8	9 도서관	10	11 영화
12 도서관	13 영화	14 도서관	15	16 도서관	17	18
19 도서관	20 청소	21 도서관	22 영화	23 도서관	24	25 영화
26 도서관	27	28 도서관	29 영화	30 도서관	31	

보기

아르바이트 : 날마다 아르바이트합니다.

1. **영화** :
2. **수영** :
3. **청소** :
4. **도서관** :

문법

1 -은/ㄴ 후에

- 복습을 한 후에 예습도 했어요.
- 저녁을 먹은 후에 항상 차를 마셔요.
- 책을 읽은 후에 같이 산책하러 갈까요?
- 수업이 끝난 후에 보통 뭘 해요?

가: 같이 도서관에 갈까요?
나: 네, 점심을 먹은 후에 갑시다.

가: 숙제를 한 후에 뭘 해요?
나: 요가를 배우러 가요.

- 학생들이 어제 오후에 무엇을 했습니까? 보기 와 같이 말하십시오.

보기

가: 유키 씨, 어제 오후에 뭘 했어요?
나: 수업이 끝난 후에 탁구를 치러 갔어요.

2 -으니까/니까[1]

- 바쁘니까 우리 내일 만나요.
- 교실이 더우니까 문을 열까요?
- 친구가 기다리니까 빨리 가세요.
- 숙제를 다 했으니까 게임을 해요.

가: 운동하러 갈까요?
나: 오늘은 피곤하니까 내일 갑시다.

가: 다음 주에 시험이 있으니까 열심히 공부하십시오.
나: 네, 알겠습니다.

- 보기 와 같이 쓰고 말하십시오.

보기

가: 지하철을 탈까요?
나: 네, 지하철이 빠르니까 지하철을 탑시다.

1. 가: 저 의자에 앉을까요?
   나: 네, ______________________________.
2. 가: 커피를 마실까요?
   나: 네, ______________________________.
3. 가: 이 식당에 갈까요?
   나: 네, ______________________________.
4. 가: 사과를 살까요?
   나: 아니요, ______________________________.
5. 가: 무슨 영화를 볼까요?
   나: ______________________________.

연습해 봅시다

• 보기 와 같이 말하십시오.

보기	• 점심을 먹다	• 수영하러 가다	• 날씨가 덥다
1	• 숙제를 하다	• 농구를 하러 가다	• 오후에 한가하다
2	• 아르바이트가 끝나다	• 같이 공부하다	• 다음 주에 시험이 있다
3	• 수업이 끝나다	• 산책을 하다	• 요즘 날씨가 좋다

보기

1

2

3

보기

가: 내일 약속이 있어요?

나: 아니요, 내일 약속이 없어요.

가: 그럼 **점심을 먹은 후에** 수영하러 갈까요?

나: 좋아요. **날씨가 더우니까** 수영장에 갑시다.

2. 심심한데 놀이공원에 갈까요?

- 친구들과 어디에 자주 가요?
- 친구들과 같이 무엇을 하고 싶어요?

존: 하늘 씨, 심심한데 놀이공원에 갈까요?

하늘: 글쎄요, 놀이공원은 너무 멀어서 가고 싶지 않아요.

존: 그럼 뭘 할까요?

하늘: 집에서 영화나 드라마를 봅시다.

심심하다 놀이공원 글쎄요 드라마

어휘

공원

극장

카페

동물원

미술관

박물관

영화관

놀이공원

• 보기 와 같이 말하십시오.

보기

가: 우리 어디에 갈까요?

나: 저는 놀이공원에 가고 싶어요.

1 -는데/은데/ㄴ데

- 피곤한데 좀 쉽시다.
- 불고기가 맵지 않은데 불고기를 시킵시다.
- 늦었는데 빨리 가십시오.
- 내일 오후에 시간이 있는데 같이 박물관에 갈까요?

가: 숙제가 어려운데 같이 할까요?
나: 네, 카페에서 같이 합시다.

가: 어디에 가요?
나: 지금 피시방에 가는데 같이 갑시다.

• 보기 와 같이 말하십시오.

보기

리타오: 심심한데~~는데/은데/ㄴ데~~ 놀이공원에 갈까요?
노라: 네, 좋아요. 갑시다.

1. 리타오: ______________ 는데/은데/ㄴ데 ______________ 읍시다/ㅂ시다.
   노라: 네, 녹차를 마십시다.
2. 리타오: ______________ 는데/은데/ㄴ데 ______________ 읍시다/ㅂ시다.
   노라: 네, 좋아요. 좀 쉽시다.
3. 리타오: ______________ 는데/은데/ㄴ데 ______________ 을까요/ㄹ까요?
   노라: 네, 식당에 갑시다. 저도 배가 고파요.
4. 리타오: ______________ 는데/은데/ㄴ데 ______________ 을까요/ㄹ까요?
   노라: 글쎄요. 짬뽕은 맛있지만 좀 매워요.
5. 리타오: ______________ 는데/은데/ㄴ데 ______________ 을까요/ㄹ까요?
   노라: 네, 빨리 집에 갑시다.

2 이나/나[1]

- 아침에는 빵이나 밥을 먹어요.
- 친구와 같이 카페나 도서관에서 공부할 거예요.
- 주말에는 축구나 농구를 해요.
- 내일 동물원이나 놀이공원에 갈까요?

가: 미술관이나 박물관에 가고 싶어요.
나: 그럼 오후에 박물관에 갈까요?

가: 보통 주말에 뭘 해요?
나: 탁구나 테니스를 자주 쳐요.

- 유키 씨가 존 씨를 인터뷰합니다. 보기 와 같이 말하십시오.

유키: 존 씨, 한국 생활이 어때요?

존: 힘들지만 재미있어요.

유키: 점심에 보통 뭘 먹어요?

존: 보기 김밥이나 샌드위치를 먹어요~~어요/아요/여요~~.

유키: 누구하고 같이 점심을 먹어요?

존: ① ____________________ 어요/아요/여요.

유키: 보통 어디에서 숙제를 해요?

존: ② ____________________ 어요/아요/여요.

유키: 친구하고 어디에서 자주 놀아요?

존: ③ ____________________ 어요/아요/여요.

유키: 한국에서 어디에 가고 싶어요?

존: ④ ____________________ 어요/아요/여요.

유키: 주말에 보통 뭘 해요?

존: ⑤ ____________________ 어요/아요/여요.

연습해 봅시다

• 보기 와 같이 말하십시오.

보기

1

2

3

보기	• 주말에 한가하다	• 복잡하다	• 산/공원에 가다
1	• 한국 영화를 좋아하다	• 집에서 멀다	• 집에서 영화/드라마를 보다
2	• 심심하다	• 재미가 없다	• 친구들과 농구/축구를 하다
3	• 오늘 약속이 없다	• 비싸다	• 노래방/피시방에 가다

보기

가: 주말에 한가한데 명동에 갈까요?

나: 글쎄요. 명동은 복잡해서 가고 싶지 않아요.

가: 그럼 뭘 할까요?

나: 산이나 공원에 갑시다.

복습

1 알맞은 단어를 골라서 쓰십시오.

약속	약속 시간	요즘	자전거를 타다	놀이공원	
한강공원	카페	드라마	심심하다	글쎄요	가끔

가: 토요일에 집에 혼자 있으니까 좀 보기 (심심해요)~~어요/아요/여요~~.
토요일에 보통 무엇을 해요?
나: 오전에 태권도를 배워요.
가: 이번 주 토요일 오후에 ❶ ( )이/가 있어요?
나: 아니요, 한가해요.
가: 그럼 우리 ❷ ( )에 갈까요? 롤러코스터가 재미있어요.
나: ❸ ( ). 거기는 시끄럽고 너무 복잡해서 가고 싶지 않아요.
가: 그럼 공원에서 ❹ ( )읍시다/ㅂ시다.
❺ ( )이/가 깨끗하고 사람도 많지 않아서 좋아요.
나: ❻ ( ) 날씨가 더워서 밖에서 놀고 싶지 않아요.
집에서 같이 ❼ ( )이나/나 영화를 봅시다.

2 대화를 만드십시오.

노라: 흐엉 씨, 어디에 가요?
흐엉: 점심을 먹으러 가요.
노라: 보기 저도 지금 밥을 먹으러 가는데 ~~는데/은데/ㄴ데~~ 같이 갈까요?
흐엉: 네, 좋아요. 같이 가요.
노라: 흐엉 씨, 보통 어디에서 점심을 먹어요?
흐엉: ❶ ______ 이나/나 ______ 에서 먹어요.
노라: 언제 점심을 먹어요?
흐엉: ❷ ______ 은/ㄴ 후에 점심을 먹어요.
노라: 점심을 먹고 뭘 해요?
흐엉: ❸ ______ 이나/나 ______ 에 가요.
노라: ❹ ______ 는데/은데/ㄴ데 점심을
먹은 후에 공원에 산책하러 갈까요?
흐엉: 미안해요. ❺ ______ 으니까/니까 내일 갑시다.

12과
가족

01 아버지께서 무슨 일을 하십니까?

대화 어휘: 교수, 대학교, 아버지, 역사, 이분

확장 어휘: 남동생, 누나, 부모님, 아버지, 어머니, 언니, 여동생, 오빠, 외할머니, 외할아버지, 할머니, 할아버지, 형, 형제, 계시다, 드시다, 말씀하시다, 잡수시다, 주무시다

문법: -으시다
께서

02 어머니께서 요리를 잘하세요

대화 어휘: 과자, 뭐, 요리, 와, 이게

확장 어휘: 구경하다, 그림을 그리다, 독서를 하다, 사진을 찍다, 요리를 하다, 춤을 추다

· 누가, 누구, 누굴, 무엇, 뭐, 뭐가, 뭘, 이거, 이걸, 이것, 이게

문법: -으세요[1]
-으세요[2]

1. 아버지께서 무슨 일을 하십니까?

- 두 사람이 무엇을 봅니까?
- 여러분 가족은 어디에 있습니까?

하늘: 이분이 누구십니까?
유키: 우리 아버지십니다.
하늘: 아버지께서 무슨 일을 하십니까?
유키: 대학교에서 역사를 가르치십니다. 교수십니다.

이분 아버지 대학교 역사 교수

어휘

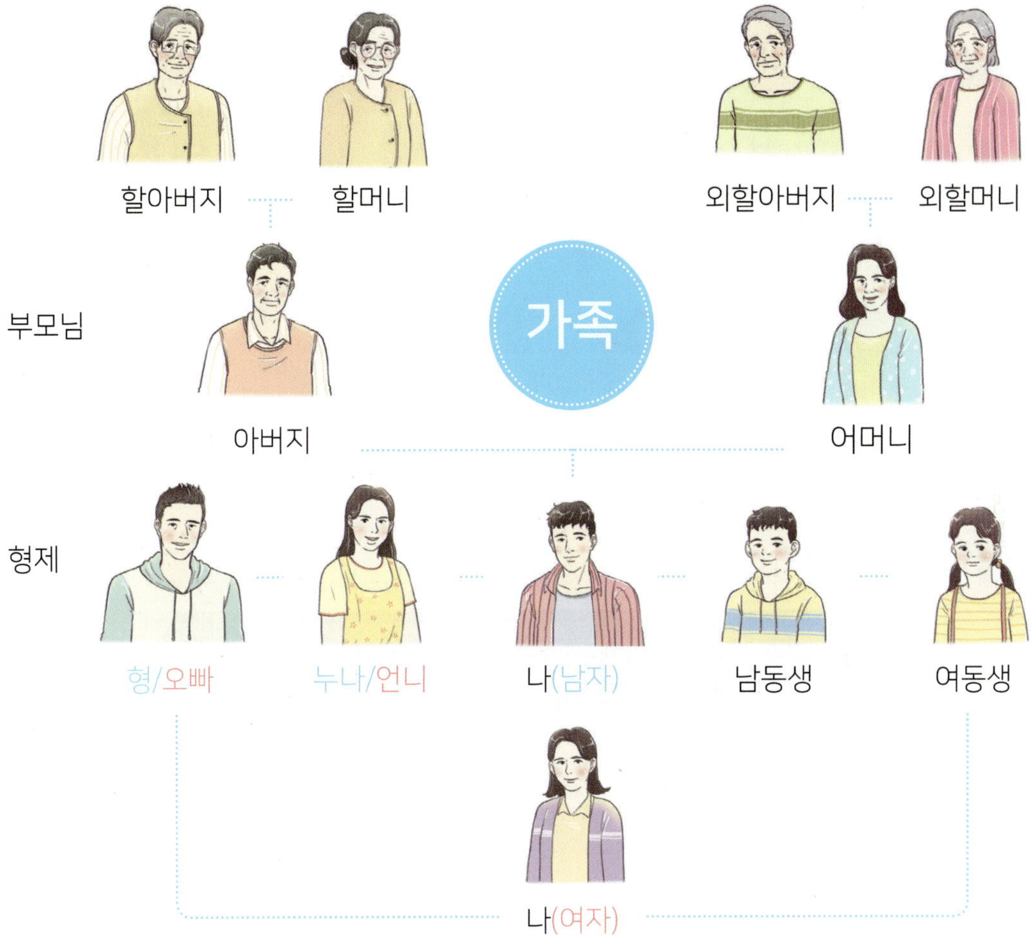

● 보기 와 같이 쓰십시오.

보기 할아버지 ①
②
③
④
⑤

보기 외할머니 ①
②
③
④
⑤

어휘

• 보기 와 같이 쓰십시오.

보기

아버지가 계십니다.

1.

2.

3.

4.

5.

1 -으시다/시다

- 아버지는 은행원이십니다.
- 누가 한국말을 가르치십니까?
- 어머니는 요리를 하시고 저는 청소를 합니다.
- 할아버지, 어디에 가십니까?

가: 선생님, 신문을 읽으십니까?
나: 네, 신문을 읽습니다.

가: 김우진 씨, 지금 무엇을 하십니까?
나: 일합니다.

• 보기 와 같이 말하십시오.

보기

할아버지 가: 할아버지는 무엇을 하십니까?
나: 텔레비전을 보십니다.

① 할머니 ② 외할머니 ③ 어머니

④ 외할아버지 ⑤ 아버지

2 께서

- 어머니께서 창문을 닫으십니다.
- 아버지께서 무슨 일을 하십니까?
- 선생님께서 친절하십니다.
- 부모님께서 어디에 사십니까?

가: 부모님께서 한국에 오십니까?
나: 네, 부모님께서 한국에 오십니다.

가: 누가 주무십니까?
나: 할머니께서 주무십니다.

- 보기 와 같이 쓰고 말하십시오.

보기

가: 누가 일합니까?
나: 아버지께서 일하십니다.

1. 가: 누가 카페에 있습니까?
   나: ______________________
2. 가: 어머니께서 무엇을 하십니까?
   나: ______________________
3. 가: 누가 백화점에서 옷을 삽니까?
   나: ______________________
4. 가: 누가 공원에 있습니까?
   나: ______________________
5. 가: 할아버지께서 무엇을 하십니까?
   나: ______________________

연습해 봅시다

• 보기 와 같이 말하십시오.

보기

①

②

③

보기

가: 이분이 누구십니까?

나: 우리 어머니십니다.

가: 어머니께서 무슨 일을 하십니까?

나: 은행원이십니다.

2. 어머니께서 요리를 잘하세요

MP3 / 24

- 두 사람이 무엇을 합니까?
- 여러분 가족은 무엇을 좋아합니까?

보기

에릭: 와, 이게 뭐예요?

노라: 이 과자를 드세요.

에릭: 아주 맛있어요. 누가 만들었어요?

노라: 어머니께서 만드셨어요. 어머니께서 요리를 잘하세요.

와 이게 뭐 과자 요리

춤을 추다

사진을 찍다

그림을 그리다

독서를 하다

요리를 하다

- 가족들이 무엇을 합니까? 보기 와 같이 말하십시오.

보기

남동생이 춤을 춥니다.

어휘

- 무엇/뭐
- 무엇이/뭐가
- 무엇을/뭘
- 누구
- 누가
- 누구를/누굴
- 이것/이거
- 이것이/이게
- 이것은/이건
- 이것을/이걸

• 보기 와 같이 문장을 바꿔 쓰십시오.

보기 **무엇을** 먹을까요?
→ **뭘** 먹을까요?

1. **무엇이** 맛있어요?
→ ________ 맛있어요?

2. **이것을** 먹고 싶어요.
→ ________ 먹고 싶어요.

3. 어제 **누구를** 만났어요?
→ 어제 ________ 만났어요?

4. **이것이** 뭐예요?
→ ________ 뭐예요?

5. **이것은** 제 가족사진이에요.
→ ________ 제 가족사진이에요.

1 -으세요/세요[1]

- 책을 읽으세요.
- 여기를 보세요.
- 창문을 닫으세요.
- 숙제를 하세요.

가: 도서관 앞에서 기다리세요.
나: 네, 알겠습니다.

가: 창문을 열까요?
나: 아니요, 추우니까 열지 마세요.

- 보기 와 같이 쓰고 말하십시오.

보기

가: 제가 호주에 가고 싶어요. 호주 어디에 갈까요?
나: 시드니에 가세요.

1. 가: 제가 언제 갈까요?
   나: ______________________
2. 가: 거기에서 무엇을 구경할까요?
   나: ______________________
3. 가: 어디에서 사진을 찍을까요?
   나: ______________________
4. 가: 무엇을 먹을까요?
   나: ______________________
5. 가: 무엇을 살까요?
   나: ______________________

구경하다

문법

2 -으세요/세요²

- 어머니께서 잡지를 읽으세요.
- 에릭 씨, 등산을 좋아하세요?
- 부모님은 고향에 계세요.
- 이분은 우리 선생님이세요.

가: 박 선생님께서 한국말을 가르치세요?
나: 네, 박 선생님께서 한국말을 가르치세요.

가: 어디에 사세요?
나: 신촌에 살아요.

- 보기 와 같이 쓰고 말하십시오.

보기

가: 부모님께서 어디에 계세요? 나: 중국에 계세요.

1. 가: 아버지께서 무엇을 하세요?
   나: ______________________
2. 가: 아버지께서 무엇을 좋아하세요?
   나: ______________________
3. 가: 어머니께서 무엇을 하세요?
   나: ______________________
4. 가: 어머니께서 저녁에 무엇을 하세요?
   나: ______________________
5. 가: 리타오 씨, 주말에 무엇을 하세요?
   나: ______________________

연습해 봅시다

• 보기 와 같이 말하십시오.

보기

1

2

3

아버지	등산을 하다
어머니	독서를 하다
할아버지	사진을 찍다
할머니	그림을 그리다

보기

가: 사진을 보세요. 이분이 우리 아버지세요.

나: 아버지께서 무엇을 자주 하세요?

가: 아버지께서 등산을 자주 하세요.

복습

1 알맞은 단어를 골라 (   ) 안에 쓰십시오.

와	대학교	아버지	오빠	과자	역사
뭐	교수	이건	요리	이걸	이분

가: 보기 (이분이) ~~이/가~~ 누구세요?

나: 우리 ❶ (   )이세요/세요.

가: 무슨 일을 하세요?

나: ❷ (   )에서 일하세요. ❸ (   )을/를 가르치세요.

❹ (   )이세요/세요. 그런데 이게 ❺ (   )이에요/예요?

가: 빵과 ❻ (   )이에요/예요. 어머니께서 만드셨어요.

나: 어머니께서 ❼ (   )을/를 잘하세요?

가: 네, 음식을 잘 만드세요. 이 빵도 드세요.

나: ❽ (   ), 빵도 맛있어요.

2 그림을 보고 대화를 만드십시오.

가: 리타오 씨, 보기 아버지**께서** 무슨 일을 하세요?

나: 요리사세요.

가: 무슨 요리를 ❶ ________으세요/세요?

나: 중국요리를 만드세요. 중국 식당에서 ❷ ________으세요/세요.

가: 우리 어머니 사진도 있어요. 이 사진을 ❸ ________으세요/세요.

나: 와, 어머니께서 ❹ ________이세요/세요?

가: 아니요, 가수는 아니시지만 노래를 아주 ❺ ________으세요/세요.

13과
쇼핑

01 짧은 치마를 살까요?

대화 어휘: 얼마, 원, 치마, 길다, 짧다, 더, 만, 그래요

확장 어휘: 값, 구두, 만, 바지, 백, 슬리퍼, 신발, 십만, 와이셔츠, 우산, 운동화, 천, 치마, 코트, 티셔츠, 가볍다, 길다, 두껍다, 무겁다, 비싸다, 싸다, 얇다, 짧다

문법: -은[1]
보다

02 여자들이 제일 좋아하는 꽃이 뭐예요?

대화 어휘: 들, 송이, 스물(스무), 장미, 찾다, 제일, 어서 오세요

확장 어휘: 가게, 곳, 면세점, 바나나, 백화점, 슈퍼마켓, 시장, 양말, 주스, 크림빵, 잘
· 권, 벌, 송이, 자루, 장, 켤레

문법: -는
에[2]

MP3 / 25

1. 짧은 치마를 살까요?

- 여러분은 요즘 무엇을 샀습니까?
- 그 물건이 어떻습니까?

노라: 유키 씨, 저는 치마를 사고 싶어요. 저 긴치마가 어때요?

유키: 긴치마보다 짧은 치마가 더 예뻐요.

노라: 그래요? 그럼 짧은 치마를 살까요?
여기요, 이 치마 얼마예요?

점원: 오만 원이에요.

치마 길다 짧다 더 그래요 얼마 만 원

옷

치마

바지

코트

티셔츠

와이셔츠

신발

구두

운동화

슬리퍼

싸다

비싸다

짧다

길다

가볍다

무겁다

얇다

두껍다

● 보기 와 같이 쓰십시오.

보기

티셔츠가~~이/가~~ 얇아요~~어요/아요/여요~~.

1. ________ 이/가 ________ 어요/아요/여요.
2. 가방이 ________ 어요/아요/여요.
3. ________ 값이 ________ 어요/아요/여요.
4. ________ 이/가 ________ 어요/아요/여요.
5. ________ 이/가 ________ 어요/아요/여요.
6. ________ 이/가 ________ 어요/아요/여요.
7. ________ 값이 ________ 어요/아요/여요.

값

100	1,000	10,000	100,000
백	천	만	십만

• 보기 와 같이 쓰고 말하십시오.

① ________
② ________
③ ________
④ ________
⑤ ________
⑥ ________
보기 삼천 원

보기

유키: 이 생선 얼마예요?

점원: 삼천 원이에요.

1 -은/ㄴ[1]

- 윤아 씨가 예쁜 꽃을 샀어요.
- 저는 재미있는 영화를 보고 싶어요.
- 이 가게에 싸고 좋은 물건이 많아요.
- 가벼운 신발이 있어요?

가: 이 예쁜 아이가 누구예요?
나: 제 동생이에요.

가: 어떤 가방을 살 거예요?
나: 작은 가방을 살 거예요.

- 친구들과 물건을 사러 왔습니다. 보기 와 같이 말하십시오.

보기

가: 뭘 사고 싶어요?
나: 두꺼운 코트를 사고 싶어요.

2 보다

- 동생이 저보다 커요.
- 유키 씨는 커피보다 녹차를 더 좋아해요.
- 지하철이 버스보다 빠릅니다.
- 이것보다 큰 신발이 있어요?

가: 서울이 제주도보다 추워요?
나: 네, 서울이 제주도보다 추워요.

가: 누가 노래를 더 잘해요?
나: 리타오 씨가 에릭 씨보다 노래를 잘해요.

• 보기 와 같이 비교해서 말하십시오.

우산

보기
노라 씨 우산이 유키 씨 우산보다 길어요.

연습해 봅시다

● 보기 와 같이 말하십시오.

보기

1

2

3

보기

가: 저는 티셔츠를 사고 싶어요. 이 짧은 티셔츠 어때요?

나: 짧은 티셔츠보다 긴 티셔츠가 더 예뻐요.

가: 그래요? 그럼 긴 티셔츠를 살까요?

여기요, 이 티셔츠 얼마예요?

다: 삼만 원이에요.

MP3 / 26

2. 여자들이 제일 좋아하는 꽃이 뭐예요?

- 여러분은 무슨 꽃을 좋아합니까?
- 언제 꽃을 삽니까?

주인: 어서 오세요. 뭘 찾으세요?

주앙: 여자들이 제일 좋아하는 꽃이 뭐예요?

주인: 여자들은 장미를 좋아해요. 한 송이에 천오백 원이에요.

주앙: 그럼 스무 송이 주세요.

어서 오세요　찾다　들　제일　장미　송이　스물(스무)

가게

시장

백화점

면세점

슈퍼마켓

● 보기 와 같이 말하십시오.

보기

가: 어디에서 샀어요?

나: 가게에서 샀어요.

책 한 권

코트 두 벌

표 세 장

꽃 네 송이

연필 다섯 자루

신발 여섯 켤레

- 물건을 사러 갔습니다. 보기 와 같이 쓰고 말하십시오.

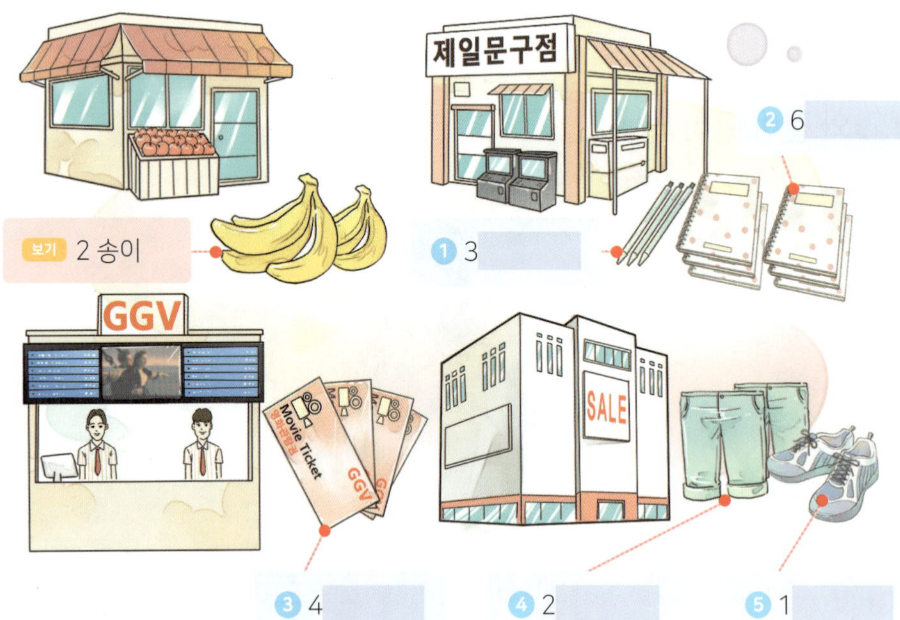

바나나

보기

가: 바나나 두 송이 주세요.

나: 네, 여기 있습니다.

1 -는

- 요즘 읽는 책이 재미있어요.
- 잘하는 운동이 뭐예요?
- 저는 춤을 잘 추는 사람을 좋아해요.
- 우리 반에서 제일 열심히 공부하는 학생이 누구예요?

가: 저 가수가 부르는 노래를 알아요?
나: 네, 알아요. '아리랑'이에요.

가: 지금 사는 곳이 어디예요?
나: 신촌이에요.

곳

- 친구들을 찾습니다. 보기 와 같이 말하십시오.

찾는 사람: 레오 유키 존 주앙 에릭 리타오 올리비아

보기

가: 누가 레오 씨예요?
나: 요리하는 사람이 레오 씨예요.

2 에[2]

- 생선 한 마리에 오천 원이에요.
- 연필 세 자루에 이천 원입니다.
- 사과 다섯 개에 만 원이에요.
- 양말 한 켤레에 얼마예요?

주스

가: 이 주스 얼마예요?
나: 한 병에 이천 원이에요.

가: 장미는 얼마예요?
나: 열 송이에 이만 팔천 원이에요.

- 보기 와 같이 말하십시오.

양말

보기

가: 이 양말 얼마예요?
나: 세 켤레에 오천 원이에요.

연습해 봅시다

- 주어진 단어를 사용해서 보기와 같이 말하십시오.

보기	아이들	잘 먹다	빵 / 크림빵 / 3,000원
1	할아버지들	좋아하시다	과일 / 바나나 / 5,500원
2	여자들	많이 읽다	책 / 이 잡지 / 12,000원
3	학생들	좋아하다	신발 / 이 운동화 / 100,000원

보기

가: 어서 오세요. 뭘 찾으세요?

나: 아이들이 **잘 먹는** 빵이 뭐예요?

가: 아이들은 크림빵을 잘 먹어요. **한 개에** 삼천 원이에요.

다: 그럼 다섯 개 주세요.

잘　크림빵

복습

1 알맞은 단어를 골라 (   ) 안에 쓰십시오.

더	원	벌	치마	송이	켤레	스물	얼마
그래요	제일	길다	짧다	싸다	찾다	가게	장미

어제는 밸런타인데이였습니다. 저녁에 여자 친구하고 약속이 있었습니다.

저는 보기 (장미와)~~과/와~~ ❶ (   )을/를 주고 싶었습니다.

기숙사 방 친구가 값이 ❷ (   )은/ㄴ ❸ 옷(   )을/를 가르쳐 주었습니다. 저는 거기에 갔습니다. "어서 오세요. 뭘 ❹ (   )으세요/세요?"

"이 치마 ❺ (   )이에요/예요?" "한 ❻ (   )에

❼ 25,000(   )이에요/예요." "이 치마가 예쁘지만 좀 길어요.

❽ (   )짧은 치마를 사고 싶어요." "❾ (   )?

저 ❿ (   )은/ㄴ 치마는 어때요? 저 치마는 20,000원이에요."

저는 치마를 사고 꽃집에도 갔습니다.

장미는 한 ⓫ (   )에 1,000원이었습니다.

저는 장미 ⓬ (   ) 송이를 샀습니다.

여자 친구는 꽃과 치마를 받고 아주 좋아했습니다.

2 주어진 단어를 사용해서 편지를 완성하십시오.

에	보다	싸다	살다	알다	맛있다
조용하다	친절하다	사랑하다			

보기 사랑하는 ~~는/은/ㄴ~~ 어머니

어머니, 저는 잘 있어요.

한국말 공부도 재미있고 친구들도 친절해요.

그런데 기숙사가 너무 시끄러워서 하숙집에서 살고 싶어요.

한국 친구가 잘 ① ______ 는/은/ㄴ 하숙집이 있어요.

그 하숙집 방이 제가 ② ______ 는/은/ㄴ ③ 기숙사 방 ______

크고 깨끗해요.

④ ______ 는/은/ㄴ 아주머니께서 날마다 ⑤ ______

는/은/ㄴ 음식을 만드세요. 방 값은 조금 더 비싸요.

⑥ 한 달 ______ 50만원이에요. 더 ⑦ ______ 는/은/ㄴ 곳을 찾고

싶었지만 없었어요. 학교에서 가깝고 ⑧ ______ 는/은/ㄴ 하숙

집이 많지 않아요.

어머니, 다음 주에 방학을 하니까 고향에 갈 거예요.

안녕히 계세요.

14과

생일

01 모두 같이 먹을 케이크를 샀어요

대화 어휘: 모두, 선물, 케이크, 화장품, 선물하다, 이따가

확장 어휘: 것, 꽃다발, 넥타이, 상품권, 생신, 시디, 액세서리, 이메일, 인형, 향수, 화장품, 드리다, 말씀드리다, 말하다, 보내다, 연락드리다, 연락하다, 인사드리다, 인사하다, 전화드리다, 전화하다, 주다, 그래서, 그렇지만, 그리고

문법: 에게

-을

02 이건 우리가 준비한 생일 케이크예요

대화 어휘: 초콜릿, 고르다, 준비하다, 축하하다, 정말

확장 어휘: 여기저기, 생일 축하 노래를 부르다, 선물을 고르다, 카드를 쓰다, 케이크를 자르다, 풍선을 불다, 고르다, 다르다, 모르다, 부르다, 빠르다, 자르다

문법: -은[2]

르 동사

MP3 / 27

1. 모두 같이 먹을 케이크를 샀어요

- 생일이 언제입니까?
- 생일에 무슨 선물을 받고 싶습니까?

올리비아: 유키 씨, 흐엉 씨에게 뭘 선물할 거예요?

유키: 글쎄요, 이따가 백화점에 갈 거예요.

올리비아: 노라 씨는 흐엉 씨에게 줄 생일 선물을 샀어요?

노라: 네, 화장품을 샀어요. 그리고 모두 같이 먹을 케이크도 샀어요.

선물하다 이따가 선물 화장품 모두 케이크

인형

시디

향수

넥타이

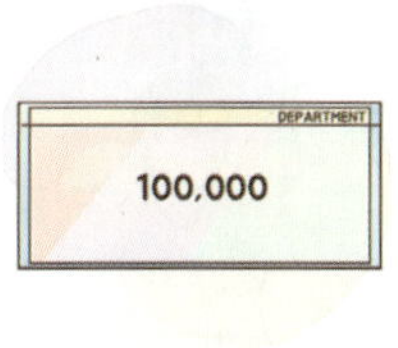

상품권

화장품

꽃다발

액세서리

주다

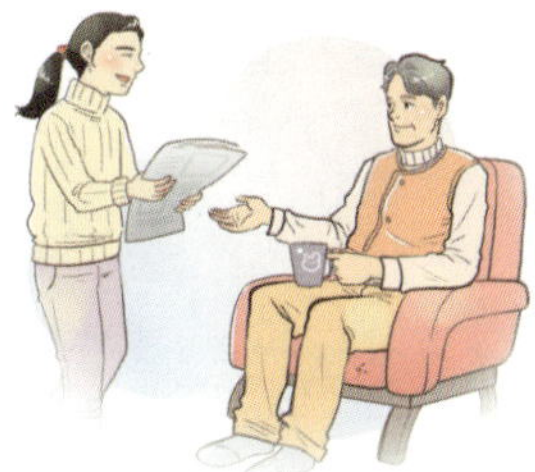
드리다

인사하다

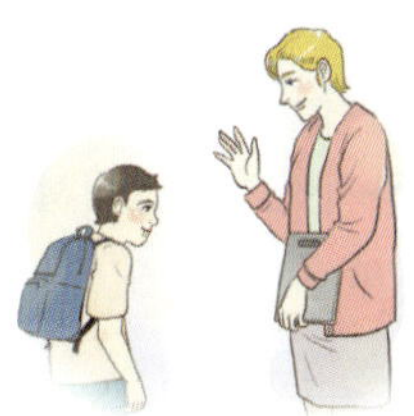
인사드리다

말하다

말씀드리다

연락하다

연락드리다

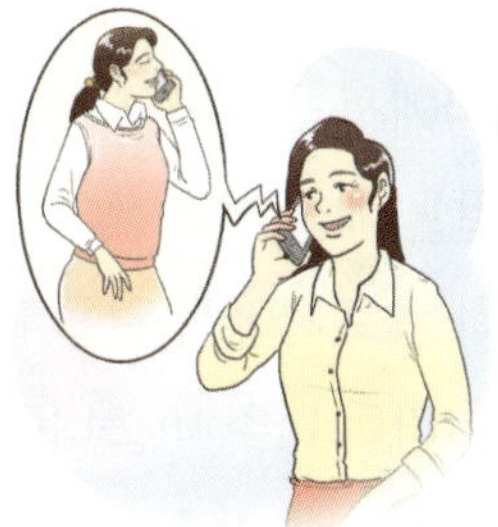
전화하다

전화드리다

- 하늘 씨가 가족에게 무슨 선물을 줬습니까? 보기 와 같이 말하십시오.

보기

하늘 씨가 액세서리를 줬습니다.

저는 한국어를 공부합니다.
그리고 영어도 공부합니다.

저는 한국어를 잘합니다.
그렇지만 중국어는 하지 못합니다.

저는 한국어를 열심히 공부합니다.
그래서 한국어를 잘합니다.

- 보기 와 같이 쓰십시오.

저는 에릭입니다. 미국에서 왔습니다.

저는 오전에는 한국말을 배웁니다.

보기 (그리고) 오후에는 회사에서 일을 합니다.

1. (   ) 날마다 아주 바쁩니다.
2. (   ) 저는 한국 생활이 좋습니다.

1 에게(한테/께)

- 어제 동생에게 선물을 보냈어요.
- 김 선생님께서 저에게 한국어를 가르치세요.
- 오늘 저녁에 어머니께 전화드릴 거예요.
- 친구한테 무엇을 줄까요?

가: 여자 친구한테 이메일을 보내요?
나: 네, 여자 친구한테 가끔 이메일을 보내요.

가: 누구에게 숙제 공책을 드렸어요?
나: 김 선생님께 숙제 공책을 드렸어요.

이메일 보내다

- 보기 와 같이 쓰십시오.

전화	이메일	돈	드리다	보내다
화장품	운동화	인형	주다	선물하다

보기

할아버지께 전화드릴 거예요~~을/ㄹ 거예요~~.

1. 아버지 ______________________ 을/ㄹ 거예요.
2. 어머니 ______________________ 을/ㄹ 거예요.
3. 오빠 ______________________ 을/ㄹ 거예요.
4. 여동생 ______________________ 을/ㄹ 거예요.
5. 남동생 ______________________ 을/ㄹ 거예요.

2 -을/ㄹ

- 내일 할 일이 많아요.
- 냉장고에 먹을 것이 없어요.
- 주말에 볼 영화가 한국 영화예요.
- 오후에 만날 사람이 있어요?

것

가: 내일 만날까요?
나: 미안해요, 바빠서 만날 시간이 없어요.

가: 어디에 가요?
나: 저녁에 먹을 것을 사러 가요.

- 보기 와 같이 쓰십시오.

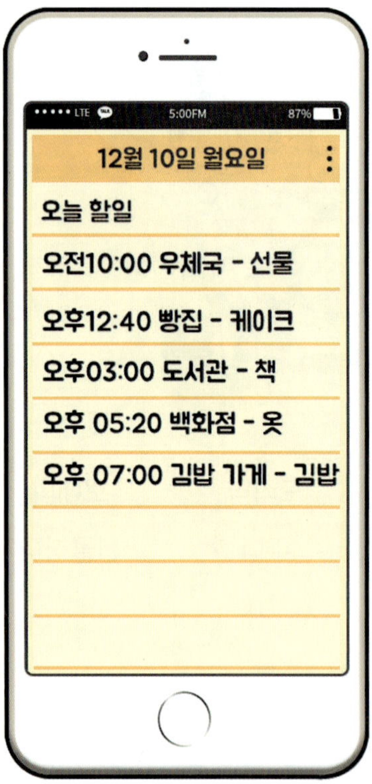

오늘 보기 할 ~~을/ㄹ~~ 일이 많아요.
(하다)

오전에 어머니께 ❶ ________ 을/ㄹ 선물이 있어서
(보내다)

우체국에 갈 거예요. 다음 주 수요일이 어머니 생신이에요. 오후에는 친구에게 ❷ ________ 을/ㄹ 케이크를
(주다)

사고 싶어요. 그래서 빵집에 갈 거예요.
그리고 ❸ ________ 을/ㄹ 책을 빌리러 도서관에도 갈
(읽다)

거예요. 날씨가 추워요. 두꺼운 옷이 없어서 ❹ ________
(입다)

을/ㄹ 옷을 사러 백화점에 갈 거예요. 저녁에 김밥을 먹고 싶어요. 집 근처에 있는 김밥 가게에서 저녁에 ❺ ________ 을/ㄹ 김밥을 살 거예요. 그 집 김밥이 싸고
(먹다)

맛있어요.

생신

연습해 봅시다

- 학생들이 고향에 있는 가족과 친구에게 줄 선물을 준비합니다.
  보기 와 같이 말하십시오.

보기

1

2

3

보기

가: 유키 씨, **가족들에게** 무엇을 선물할 거예요?

나: 글쎄요, 이따가 옷 가게에 갈 거예요.
올리비아 씨는 **동생에게 줄** 선물을 샀어요?

가: 네, 동생이 **입을** 옷을 샀어요.

2. 이건 우리가 준비한 생일 케이크예요

- 생일에 무엇을 합니까?
- 생일에 무슨 음식을 먹습니까?

노라: 흐엉 씨, 생일 축하해요. 이건 우리가 준비한 생일 케이크예요.

흐엉: 와, 제가 좋아하는 초콜릿 케이크예요.

노라: 존 씨하고 제가 같이 골랐어요.

흐엉: 정말 고마워요. 지금 같이 케이크를 먹을까요?

축하하다 준비하다 초콜릿 고르다 정말

어휘

선물을 고르다

카드를 쓰다

풍선을 불다

축하하다

생일 축하 노래를 부르다

케이크를 자르다

• 보기 와 같이 쓰십시오.

보기

유키가 선물을 고릅니다~~습니다/ㅂ니다~~.

1. 노라가 ______________________ 습니다/ㅂ니다.
2. 존이 ______________________ 습니다/ㅂ니다.
3. 흐엉이 ______________________ 습니다/ㅂ니다.
4. 존이 ______________________ 습니다/ㅂ니다.
5. 유키와 노라가 흐엉 씨 생일을 ______________________ 습니다/ㅂ니다.

1 -은/ㄴ[2]

- 이것이 어제 산 운동화예요.
- 어제 먹은 비빔밥이 맛있었어요.
- 지난주에 본 영화는 코미디 영화였어요.
- 빨간색 옷을 입은 사람이 누구예요?

가: 꽃을 샀어요?
나: 아니요, 친구가 준 꽃이에요.

가: 어제 먹은 불고기가 어땠어요?
나: 아주 맛있었어요.

- 보기 와 같이 쓰십시오.

보기

1

2

3

4

5

노라와 저는 지난 주말에 부산에 갔어요. 토요일에 부산 여기저기를 구경하고 음식도 많이 먹었어요. 부산에서 보기 먹은 ~~은/ㄴ~~ 음식이 아주 맛있었어요. 우리는 바다에서 수영도 했어요.

1 우리가 ______은/ㄴ 바다는 경치가 아주 아름다웠어요. 그리고 바다 옆에 예쁜 가게들이 많았어요. 우리는 가게에서 볼펜을 샀어요. 우리가 2 ______은/ㄴ 볼펜은 비싸지 않았어요.

우리는 부산 호텔에서 잤어요. 우리가 3 ______은/ㄴ 호텔은 크고 좋았어요. 일요일 아침에 자갈치시장에 갔어요. 사진을 많이 찍었어요. 이 사진이 우리가 4 ______은/ㄴ 사진이에요. 우리는 부산에서 많은 사람들을 만났어요.
5 부산에서 ______은/ㄴ 사람들은 모두 친절했어요.

여기저기

2 르 동사

- 존 씨가 쉬는 시간에 노래를 불러요.
- 흐엉 씨가 한국말을 몰라서 대답하지 못했어요.
- 저는 더워서 머리를 잘랐습니다.
- 두 사람은 성격이 많이 달라요?

가: 영어를 알아요?
나: 아니요, 저는 영어를 몰라요.

가: 어제 노래방에서 무슨 노래를 불렀어요?
나: 저는 중국 노래를 불렀어요.

- 표를 완성하십시오.

	-어요/아요/여요	-었어요/았어요/였어요	-어서/아서/여서
고르다	골라요		
모르다		몰랐어요	
자르다			잘라서
부르다			
다르다			
빠르다			

모르다
자르다
부르다
다르다

• 보기 와 같이 쓰십시오.

1

2

3

4

지난 주말에 친구 생일 파티에 갔어요. 친구가 만든 음식이 너무 맛있었어요. 저는 그 음식 이름을 보기 몰라요~~어요/아요/여요~~(모르다). 그렇지만 그 음식을 집에서 만들고 싶었어요.

그래서 아침에 생선을 사러 시장에 갔어요. 좋은 생선을 ❶ ________(고르다)었어요/았어요/였어요. 지하철이 ❷ ________(빠르다)어서/아서/여서 지하철을 타고 집에 왔어요.

집에서 요리를 했어요. 생선이 너무 커서 ❸ ________(자르다)었어요/았어요/였어요.

음식을 다 만든 후에 먹었어요. 너무 많이 먹어서 배가 ❹ ________(부르다)었어요/았어요/였어요.

연습해 봅시다

- 친구들이 흐엉 씨 생일 선물을 준비했습니다. 보기 와 같이 말하십시오.

보기

1

2

3

고르다	만들다	사다	준비하다

보기

가: 생일 축하해요. 이거 우리가 **만든** 과자예요.

나: 와, 제가 좋아하는 과자예요.

가: 우리가 같이 만들었어요.

나: 정말 고마워요.

복습

1 친구들이 크리스마스 파티를 합니다. 그림을 보고 알맞은 단어를 골라서 (   ) 안에 쓰십시오.

인형	정말	소설책	화장품	선물하다	모두
이따가	축하하다	준비하다	고르다	드리다	케이크

존: 친구들에게 줄 선물을 보기 (준비했어요)~~었어요/았어요/였어요~~?

친구들: 네.

존: 모두 선물을 하나 ❶ (   )으세요/세요.

흐엉: 와, 제가 고른 것은 예쁜 ❷ (   )이에요/예요. 노라 씨는 뭐예요?

노라: 제 것은 ❸ (   )이에요/예요. 리타오 씨, 빨리 선물을 고르세요.

리타오: 네.

유키: 선물을 고른 후에 무엇을 할까요?

존: 우리 ❹ (   )을/를 먹을까요?

제가 우리 집 근처에 있는 빵집에서 같이 먹을 딸기 케이크를 샀어요.

노라: 존 씨, ❺ (   ) 고마워요. 제가 지금 케이크를 자를까요?

유키: 아니요. ❻ (   ) 저녁을 먹고 케이크를 먹읍시다.

여기요.

종업원: 네, 뭘 ❼ (   )을까요/ㄹ까요?

2 대화를 만드십시오.

유키: 리타오 씨, 뭘 해요?

리타오: 이메일을 봐요. 친구가 보기 저**에게** 이메일을 보냈어요.

유키: 왜요? 무슨 일이 있어요?

리타오: 친구들이 다음 달에 한국에 놀러 와요.

유키: 다음 달에 ① ＿＿＿＿(오다) 을/ㄹ 친구들하고 같이 어디에 갈 거예요? 좋은 곳을 알아요?

리타오: 아니요, ② ＿＿＿＿(모르다) 어요/아요/여요. 어디가 좋을까요?

유키: 지난 주말에 반 친구들하고 같이 ③ ＿＿＿＿(가다) 은/ㄴ 놀이공원에 가세요.

15과 전화

01 전화번호 좀 가르쳐 주세요

대화 어휘: 전화번호, 좀, 잠깐만요

확장 어휘: 국가 번호, 전화번호, 지역 번호, 휴대전화

문법: -지요?

-어 주다

02 유키 씨에게서 전화를 받았어요?

대화 어휘: 이야기, 파티, 여보세요, 전화를 받다

확장 어휘: 뉴스, 전화하다, 통화 중이다, 문자메시지를 받다, 문자 메시지를 보내다, 전화가 오다, 전화를 걸다, 전화를 끊다, 전화를 바꾸다, 전화를 받다

문법: 에게서

-을 수 있다

MP3 / 29

1. 전화번호 좀 가르쳐 주세요

- 누구 전화번호를 알고 싶어요?
- 누구에게 자주 전화해요?

유키: 에릭 씨, 존 씨 전화번호를 알지요?

에릭: 네, 알아요.

유키: 그럼 존 씨 전화번호 좀 가르쳐 주세요.

에릭: 잠깐만요. 010-1223-3465예요.

전화번호　좀　잠깐만요

어휘

휴대전화

전화번호

시외지역 전화번호			
서울 (02)	부산 (051)	대구 (053)	인천 (032)
세종 (044)	경기 (031)	강원 (033)	충북 (043)
경북 (044)	경남 (055)	제주 (064)	전남 (061)
광주 (062)	대전 (042)	울산 (052)	전북 (063)
충남 (041)			

지역 번호

국제 전화번호			
대한민국(82)	일 본 (81)	호 주 (61)	영 국 (44)
중 국 (86)	미 국 (1)	독 일 (49)	칠 레 (56)
스위스 (31)	스페인 (33)	프랑스 (33)	러시아 (7)
폴란드 (48)	멕시코 (52)	브라질 (55)	필리핀 (63)
이집트 (20)	체코 (420)		

국가 번호

전화번호 읽기		
☎	010 - 2123 - 3465	공일공(의) 이일이삼(의) 삼사육오
☎	02 - 724 - 0274	공이(의) 칠이사(의) 공이칠사
☎	1599 - 1885	일오구구(의) 일팔팔오

● 보기 와 같이 쓰십시오.

I

흐엉: 하늘 씨, 윤아 씨 보기 <u>휴대전화</u> 번호가 010-1234-5678이에요?

하늘: 네, 010-1234-5678이에요.

흐엉: 윤아 씨가 지금 고향에 있어요?

하늘: 네, 동생 생일이어서 제주도에 갔어요.

흐엉: 고향 집 ❶ ________ 이/가 몇 번이에요?

하늘: 064-111-3344예요. '064'는 제주도 ❷ ________ 이에요/예요.

II

흐엉: 윤아 씨, 저는 다음 주에 베트남에 가요.
베트남에서 윤아 씨에게 자주 전화할 거예요.
한국 ❸ ________ 이/가 '81'이에요? '82'예요?

윤아: '82'예요. '81'은 일본이에요.

1 -지요?

- 날씨가 춥지요?
- 흐엉 씨는 베트남 사람이지요?
- 존 씨가 농구를 좋아하지요?
- 어제 먹은 삼계탕이 맛있었지요?

가: 장미가 예쁘지요?
나: 네, 아주 예뻐요.

가: 저 사람이 노라 씨예요?
나: 네, 노라 씨가 태권도를 잘하지요?

• 보기 와 같이 쓰고 말하십시오.

보기

1

2

3

4

5

보기

리타오: 존 씨, 등산을 좋아하지요?

존: 네, 아주 좋아해요.

1) 리타오: ______________________________?

존: 네, 날씨가 아주 좋아요.

2) 리타오: ______________________________?

존: 네, 아름다워요.

3) 리타오: ______________________________?

존: 네, 아주 많아요.

4) 리타오: 서울식당에 갑시다. ______________________________?

존: 네, 그 식당을 잘 알아요.

5) 리타오: ______________________________?

존: 네, 맛있어요.

2 -어/아/여 주다

- 도와주세요.
- 선생님, 천천히 말씀해 주세요.
- 잠깐만 기다려 주십시오.
- 어머니, 딸기 좀 사 주세요.

가: 지금은 바쁘니까 이따가 전화해 주세요.

나: 네, 알겠습니다.

가: 뭘 만들어 줄까요?

나: 피자를 만들어 주세요.

• 보기 와 같이 말하십시오.

보기 사진을 찍다 ① 지우개를 빌리다 ② 창문을 닫다

③ 천천히 말하다 ④ 칠판에 쓰다 ⑤ 영어를 가르치다

보기

유키: 사진을 찍어 줄까요?

흐엉: 네, 사진을 찍어 주세요.

1) 존: 지우개를 빌려 줄까요?

노라: 네, __________ 어/아/여 주세요.

2) 주앙: 너무 추워요. __________ 어/아/여 주세요.

레오: 네, 알겠습니다.

3) 윤아: 제 말이 조금 빠르지요? 천천히 말해 줄까요?

올리비아: 네, 말이 너무 빨라요. __________ 어/아/여 주세요.

4) 선생님: 칠판에 써 드릴까요?

학생: 네, __________ 어/아/여 주세요.

5) 리타오: 영어를 배우고 싶습니다.

에릭: __________ 어/아/여 줄까요?

연습해 봅시다

• 보기 와 같이 말하십시오.

보기	한국어학당	02-2123-3464
①	기숙사	02-2123-7481
②	선생님	010-3428-5114
③	주앙 씨	010-9764-2600

보기

가: 존 씨, 한국어학당 전화번호를 알지요?

나: 네, 알아요.

가: 그럼 한국어학당 전화번호 좀 가르쳐 주세요.

나: 잠깐만요. 2123-3464예요.

2. 유키 씨에게서 전화를 받았어요?

- 누가 여러분에게 자주 전화합니까?
- 전화를 많이 합니까? 문자메시지를 많이 보냅니까?

흐엉: 여보세요? 레오 씨, 유키 씨에게서 전화를 받았어요?
레오: 네, 오전에 받았어요. 파티 이야기를 들었어요.
흐엉: 그럼 내일 파티에 올 수 있어요?
레오: 미안해요. 바빠서 갈 수 없어요.

여보세요　전화를 받다　파티　이야기

어휘

전화하다

전화를 걸다

전화가 오다

전화를 받다

통화 중이다

전화를 바꾸다

전화를 끊다

문자메시지를 보내다

문자메시지를 받다

● 보기 와 같이 쓰십시오.

보기

저녁 7시쯤 리타오 씨에게 보기 전화했어요~~었어요/았어요/였어요~~. 리타오 씨가 전화를 받지 않았어요. 그래서 차를 한 잔 마신 후 8시에 ① ______ 었어요/았어요/였어요.

리타오 씨가 다른 사람과 전화를 해서 ② ______ 었어요/았어요/였어요.

그래서 저는 30분 후에 다시 기숙사에 전화를 했어요. 리타오 씨하고 같이 사는 기숙사 친구가 ③ ______ 었어요/았어요/였어요.

저는 "리타오 씨를 좀 ④ ______ 어/아/여 주세요." 하고 말했어요.

그 친구는 "리타오 씨가 지금 샤워해요." 하고 말하고 ⑤ ______ 었어요/았어요/였어요. 그래서 저는 ⑥ ______ 고 기다렸어요. 30분쯤 후에 전화가 왔어요. 리타오 씨였어요. 우리는 다음 주에 볼 시험 이야기를 했어요.

문법

1 에게서(한테서)

- 날마다 부모님에게서 전화가 와요.
- 친구에게서 재미있는 책을 빌렸어요.
- 리타오 씨한테서 중국말을 배울 거예요.
- 누구한테서 선물을 받았습니까?

가: 생일에 친구들에게서 선물을 받았어요.
나: 무슨 선물을 받았어요?

가: 흐엉 씨, 그 이야기를 누구한테서 들었어요?
나: 주앙 씨한테서 들었어요.

- 보기 와 같이 쓰고 말하십시오.

보기

선생님: 누구에게서 그 옷을 빌렸어요?
주앙: 하늘 씨에게서 이 옷을 빌렸어요~~었어요/았어요/였어요~~.

선생님: 누구에게서 문자메시지를 받았어요?
존: ① ______________________ 었어요/았어요/였어요.
선생님: 누구에게서 전화가 왔어요?
올리비아: ② ______________________ 었어요/았어요/였어요.
선생님: 누구한테서 선물을 받았어요?
흐엉: ③ ______________________ 었어요/았어요/였어요.
선생님: 누구한테서 일본말을 배웠어요?
리타오: ④ ______________________ 었어요/았어요/였어요.
선생님: 누구한테서 꽃을 받았어요?
노라: ⑤ ______________________ 었어요/았어요/였어요.

2 -을/ㄹ 수 있다(없다)

- 저는 운전을 할 수 있어요.
- 노라 씨가 케이크를 만들 수 있어요.
- 유키 씨가 매운 음식을 먹을 수 없습니다.
- 올리비아 씨, 내일 만날 수 있어요?

가: 제 생일 파티에 올 수 있어요?
나: 네, 갈 수 있어요.

가: 리타오 씨, 한국 신문을 읽을 수 있어요?
나: 아니요, 너무 어려워서 읽을 수 없어요.

● 보기 와 같이 말하십시오.

	유키	O	X
보기	자전거를 타다	✔	
1)	탁구를 치다	✔	
2)	영어를 하다	✔	
3)	초밥을 만들다		✔
4)	한국말 뉴스를 듣다		✔
5)	오늘 같이 점심을 먹다	✔	

뉴스

보기

가: 자전거를 탈 수 있어요?
나: 네, 자전거를 탈 수 있어요.

연습해 봅시다

- 보기 와 같이 말하십시오.

보기	존	· 저녁에 같이 놀다	· 바쁘다
1	유키	· 같이 점심을 먹다	· 약속이 있다
2	노라	· 오늘 우리 집에 오다	· 내일 시험이 있다
3	흐엉	· 같이 파티를 준비하다	· 시간이 없다

보기

정하늘: 여보세요? 리타오 씨, **존 씨한테서** 문자메시지를 받았어요?
리타오: 네, 아침에 문자메시지를 받았어요.
정하늘: 그럼 저녁에 같이 **놀 수 있어요?**
리타오: 미안해요. 바빠서 같이 **놀 수 없어요.**

복습

1 알맞은 단어를 골라서 쓰십시오.

파티	전화번호	지역 번호	국가 번호	전화를 받다	좀
통화 중	문자메시지를 보내다		잠깐만요	여보세요	이야기

주앙: 보기 (여보세요)? 존 씨, 저는 주앙이에요.
존: 네, 안녕하세요? 그런데 무슨 일이에요?
주앙: 에릭 씨한테서 ❶ (   )았어요/었어요/였어요?
존: 아니요. 무슨 일이 있어요?
주앙: 비행기 표가 없어서 우리는 주말에 제주도에 갈 수 없어요.
존: 그래요? 다른 친구들에게도 연락을 했어요?
주앙: 네. 그런데 하늘 씨가 ❷ (   )이에요/예요.
하늘 씨 집 ❸ (   )을/를 아세요?
존: 네, 알아요.
주앙: 그럼 ❹ (   ) 가르쳐 주세요.
존: ❺ (   ). 02-2123-3464예요.
주앙: 그런데 '02'가 뭐예요?
존: '02'는 서울 ❻ (   )이에요/예요.
주앙: 네, 고맙습니다.
그런데 존 씨, 오늘 저녁에 기숙사 ❼ (   )에 올 거지요?
존: 네, 갈 거예요. 그럼 저녁에 만나요.

2 대화를 만드십시오.

에릭: 날씨가 참 보기 덥지요?~~지요?~~

리타오: 네, 너무 더워서 공부하기가 힘들어요.

에릭: 오후에 한가한데 같이 수영장에 갈까요?

리타오: 미안하지만 저는 갈 수 없어요. 오후에 약속이 있어요.

에릭: 그럼 내일은 ❶ ______ 을/ㄹ 수 있어요?

리타오: 네, 내일은 약속이 없어요. 그런데 에릭 씨는 수영을 잘해요?.

에릭: 네, 아주 잘해요. ❷ ______ 한테서 배웠어요.

리타오: 그래요? 저는 수영을 좋아하지만 잘하지 못해요.
에릭 씨가 좀 ❸ ______ 어/아/여 주세요.

에릭: 네, 그럼 내일 수영장 앞에서 만납시다.
학교 근처에 있는 수영장을 ❹ ______ 지요?

리타오: 네, 알아요. 내일은 수업이 없으니까 11시에 그 앞에서 만납시다.

16과

교통

01 명동까지 택시로 얼마나 걸려요?

대화 어휘: 택시, 가깝다, 걸리다, 얼마나, -쯤

확장 어휘: 고속버스, 공항버스, 기차, 배, 버스, 비행기, 오토바이, 자전거, 젓가락, 종업원, 지하철, 택시

· 시간

문법: 으로[1]

에서 까지

02 지하철은 몇 분마다 와요?

대화 어휘: 삼성역, 코엑스, 호선, 내리다, 어떻게

확장 어휘: 고속버스 터미널, 공항, 역, 정류장, 학생증, 갈아타다, 끄다, 내리다, 도착하다, 출발하다, 타다, 꼭

· 번

문법: -어야 하다

마다

MP3 / 31

1. 명동까지 택시로 얼마나 걸려요?

- 버스나 지하철을 자주 탑니까?
- 학교에 무엇을 타고 갑니까?

하늘: 명동에 뭘 타고 갈까요?

윤아: 가방이 무거우니까 택시로 갑시다.

하늘: 여기에서 명동까지 택시로 얼마나 걸려요?

윤아: 5분쯤 걸려요. 아주 가까워요.

택시　얼마나　걸리다　-쯤　가깝다

배

기차

버스

택시

비행기

지하철

자전거

오토바이

고속버스

공항버스

- 보기 와 같이 쓰십시오.

제 고향은 제주도입니다.
저는 가끔 부산 친구 집에 갑니다. 보기 (비행기나)~~이나/나~~ ❶ (   )을/를 타고 갑니다.
부산에서 학교가 있는 서울까지 ❷ (   )이나/나 ❸ (   )을/를 타고 갑니다.
그리고 가방이 무거워서 기숙사까지 ❹ (   )을/를 타고 갑니다.
보통 학생들은 기숙사에서 학교까지 ❺ (   )이나/나 ❻ (   )을/를 타고 갑니다.
저는 주말에 친구를 만나러 명동에 자주 갑니다. 명동까지 ❼ (   )이나/나 ❽ (   )을/를 타고 갑니다.

문법

1 으로/로[1]

- 저는 학교에 버스로 갑니다. 친구는 걸어서 갑니다.
- 비빔밥은 숟가락으로 드세요.
- 교실에서 영어로 이야기해요? 한국말로 이야기해요?
- 지하철로 시간이 얼마나 걸립니까?

가: 부산에 기차로 갔어요?
나: 네, 기차로 갔어요.

가: 이름을 무엇으로 쓸까요?
나: 볼펜으로 쓰세요.

● 보기 와 같이 쓰고 말하십시오.

보기 ① ② ③ ④ ⑤

보기

가: 일본에 뭘 타고 갔어요?
나: 비행기로 갔어요.

1. 가: 식당을 전화로 예약했어요?
   나: 네, ______________________.
2. 가: 초밥은 생선으로 만들지요?
   나: 네, ______________________.
3. 가: 초밥을 젓가락으로 먹을 수 있었어요?
   나: 네, ______________________.
4. 가: 종업원하고 어느 나라 말로 이야기했어요?
   나: ______________________.
5. 가: 호텔에 뭘 타고 갔어요?
   나: ______________________.

젓가락
종업원

2 에서 까지

- 저는 집에서 학교까지 걸어서 가요.
- 2층에서 6층까지 교실이에요.
- 인천에서 베이징까지 비행기로 2시간쯤 걸려요.
- 여기에서 집까지 가깝습니까?

가: 집에서 학교까지 멀어요?
나: 네, 조금 멀어요.

가: 서울에서 대전까지 얼마나 걸려요?
나: 고속버스로 2시간 반쯤 걸려요.

시간

- 보기 와 같이 말하십시오.

보기

가: 서울에서 부산까지 얼마나 걸려요?
나: 서울에서 부산까지 비행기로 40분쯤 걸려요.

연습해 봅시다

• 보기 와 같이 말하십시오.

보기

1

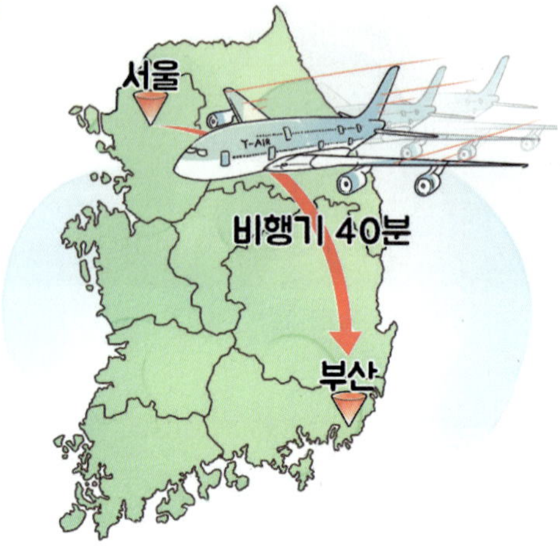

2

3

보기

가: 인사동에 뭘 타고 갈까요?

나: 좀 머니까 지하철로 갑시다.

가: 여기에서 인사동까지 지하철로 얼마나 걸려요?

나: 30분쯤 걸려요.

2. 지하철은 몇 분마다 와요?

- 두 사람이 어디에 있습니까?
- 지하철이 어떻습니까?

보기

주앙: 여기에서 코엑스까지 어떻게 가요?
하늘: 지하철 2호선을 타고 삼성역에서 내려야 해요.
주앙: 지하철은 몇 분마다 와요?
하늘: 10분마다 와요.

코엑스 어떻게 호선 삼성역 내리다

어휘

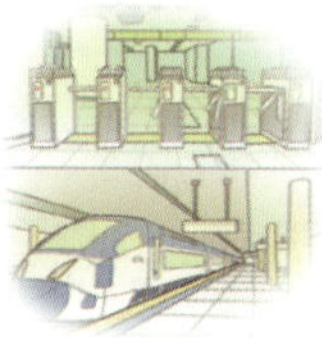

역

공항

정류장

고속버스 터미널

타다

내리다

갈아타다

출발하다

도착하다

• 보기 와 같이 쓰십시오.

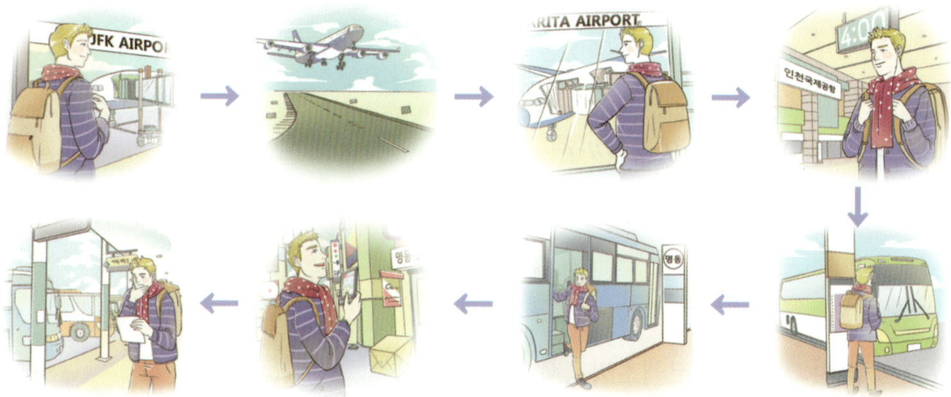

저는 미국 뉴욕 JFK 보기 공항에서 비행기를 ❶ ______ 었어요/았어요/였어요.
오전 9시에 ❷ ______ 었어요/았어요/였어요.
그리고 일본 나리타 공항에서 비행기를 한 번 ❸ ______ 었어요/았어요/였어요.
오후 4시에 한국에 ❹ ______ 었어요/았어요/였어요.
인천에서 서울까지 버스로 가고 싶어서 ❺ ______ 에 갔어요.
버스를 타고 1시간쯤 후에 서울 명동에서 ❻ ______ 었어요/았어요/였어요.
명동에서 한국 친구를 만나고 명동 구경도 했어요.
제가 간 호텔은 지하철 ❼ ______ 이/가 가까워서 좋았어요.
내일은 부산에 가요. 아침 일찍 고속버스를 타러 ❽ ______ 에 갈 거예요.

1 -어야/아야/여야 하다

- 학교에 9시까지 와야 해요.
- 도서관에서 조용히 해야 해요.
- 극장에서 휴대전화를 꺼야 합니다.
- 어디에서 버스를 타야 해요?

가: 예습과 복습을 해야 합니까?
나: 네, 예습과 복습을 해야 합니다.

가: 얼마나 기다려야 해요?
나: 10분쯤 기다리셔야 해요.

- 주앙 씨가 학교에 늦게 왔습니다. 유키 씨가 학생 오리엔테이션 안내문을 보고 주앙 씨에게 이야기합니다. 보기 와 같이 말하십시오.

보기

학교에 9시까지 와야 해요.

꼭
끄다
학생증

2 마다

- 이 버스는 15분마다 옵니다.
- 6시간마다 약을 드세요.
- 저는 주말마다 고향에 전화해요.
- 아침마다 공원에서 운동해요?

가: 날마다 아르바이트를 해요?
나: 네, 날마다 해요.

가: 공항버스는 몇 분마다 있습니까?
나: 30분마다 있습니다.

- 보기 와 같이 말하십시오.

보기

가: 470번 버스는 몇 분마다 와요?
나: 10분마다 와요.

번

연습해 봅시다

• 보기 와 같이 말하십시오.

보기 	광화문	지하철 5호선	9:00, 9:10, 9:20, 9:30, 9:40, 9:50, 10:00,……
1 	인사동	지하철 3호선	9:00, 9:08, 9:16, 9:24, 9:32, 9:40, 9:48,……
2 	학교	7024번 버스	7:20, 7:35, 7:50, 8:05, 8:20, 8:35, 8:50,……
3 	대전	기차	8:00, 8:30, 9:00, 9:30, 10:00, 10:30,……
4 	광주	고속버스	6:00, 7:00, 8:00, 9:00, 10:00, 11:00,……

보기

가: 여기에서 광화문에 어떻게 가요?

나: 지하철 5호선을 **타야 해요.**

가: 지하철은 **몇 분마다** 와요?

나: **10분마다** 와요.

복습

1 알맞은 단어를 골라 (　　) 안에 쓰십시오.

얼마나	어떻게	역	-쯤	호선	코엑스
내리다	갈아타다	택시	비행기	삼성역	

가: 쇼핑하러 어디에 갈까요?

나: 보기 (코엑스)에 갑시다.

가: ❶ (　　　　　　) 갈까요? ❷ (　　　　　　)으로/로 갈까요?

나: 지하철이 싸고 빠르니까 지하철로 갑시다.

가: 몇 ❸ (　　　　　　)을/를 타야 해요?

나: 2호선을 타야 해요. ❹ (　　　　　　)에서 내려야 해요.

가: 시간은 ❺ (　　　　　　) 걸려요?

나: ❻ 20분(　　　　　　) 걸려요.

(지하철 안)

가: 삼성역이에요.

나: 그래요? ❼ (　　　　　　)읍시다/ㅂ시다.

2 그림을 보고 대화를 만드십시오.

고속버스시간표 (서울➡강릉)
07:00
07:30
08:00
08:30
09:00
09:30
10:00

으로/로 에서 까지 마다 -어야/아야/여야 하다

가: 보기 서울에서 ① 강릉 ______ 어떻게 갈까요?

나: ② 고속버스 ______ 갈까요?

가: 네, 좋아요. 그럼 인터넷에서 강릉에 가는 고속버스 시간을 봅시다.

나: 버스가 ③ 몇 분 ______ 있어요?

가: ④ 30분 ______ 있어요. 8시 고속버스를 탑시다.

나: 몇 시까지 터미널에 ⑤ ______어야/아야/여야 해요?

가: 7시 30분까지 갑시다.

17과

길 찾기

01 사거리에서 오른쪽으로 가세요

대화 어휘: 미터, 사거리, 약국, 오른쪽, 실례지만, 저

확장 어휘: 그쪽, 오른쪽, 왼쪽, 이쪽, 저쪽, 지하, 층, 한복, 물어보다, 똑바로

문법: -으면

으로[2]

02 횡단보도를 건너서 왼쪽으로 오세요

대화 어휘: 거기, 건너편, 횡단보도, 건너다, 보이다

확장 어휘: 건너편, 약, 육교, 지하도, 출구, 화장실, 횡단보도, 건너다, 나가다, 내려가다, 들어가다, 올라가다

문법: -요?

-어서[2]

MP3 / 33

1. 사거리에서 오른쪽으로 가세요

- 길을 모릅니다. 어떻게 합니까?
- 한국에서 길 찾기가 쉽습니까?

존: 저, 실례지만 길 좀 가르쳐 주세요.
남자: 어딜 찾으세요?
존: 이 근처에 약국이 있어요?
남자: 네, 여기에서 100미터쯤 가면 약국이 있어요.
저 사거리에서 오른쪽으로 가세요.

저 실례지만 약국 미터 사거리 오른쪽

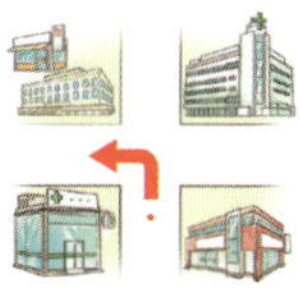

왼쪽

오른쪽

똑바로

이쪽

그쪽

저쪽

• 보기 와 같이 쓰십시오.

보기

똑바로 가세요. 학교가 있어요.

1) 학교 ________ 에 백화점이 있어요.

2) 학교 ________ 에 병원이 있어요.

3) ________ 에 학생회관이 있어요.

4) ________ 에 학생식당이 있어요?

5) ________ 에 도서관이 있어요.

문법

1 -으면/면

- 피곤하면 좀 쉬세요.
- 내일 비가 오면 축구를 하지 못해요.
- 음악을 들으면 기분이 좋아요.
- 시간이 있으면 만날까요?

한복

가: 요즘 배우는 것이 어려워요.
나: 어려우면 예습하세요.

가: 어디에 가면 한복을 빌릴 수 있어요?
나: 인사동에 가면 빌릴 수 있어요.

- 보기 와 같이 말하십시오.

물어보다

보기

가: 모르는 단어가 많아요.
나: 모르는 단어가 많으면 윤아 씨에게 물어보세요.

2 으로/로[2]

- 이쪽으로 오세요.
- 교실 안으로 들어갑시다.
- 사거리에서 왼쪽으로 가세요.
- 어느 쪽으로 갈까요?

가: 편의점이 어디에 있어요?
나: 지하 1층으로 가세요.

가: 어디로 갈까요?
나: 잠실로 가 주세요.

지하
층

- 보기 와 같이 말하십시오.

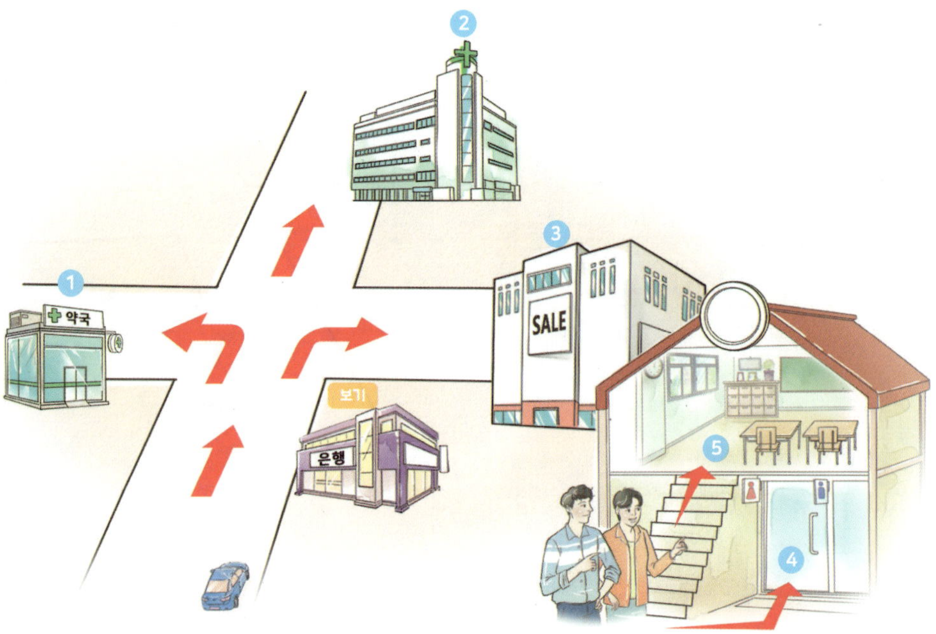

보기

가: 은행이 어디에 있어요?
나: 똑바로 가세요.

연습해 봅시다

- 그림을 보고 보기 와 같이 말하십시오.

보기

1

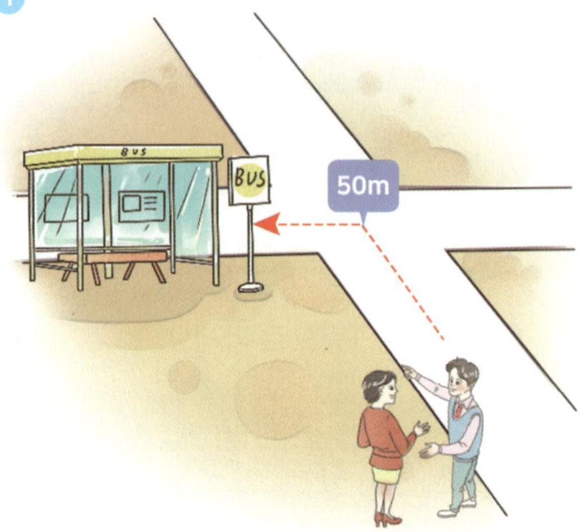

2

3

보기

가: 저, 실례지만 길 좀 가르쳐 주세요.

나: 어딜 찾으세요?

가: 이 근처에 꽃집이 있어요?

나: 네, 여기에서 5분쯤 가면 꽃집이 있어요.
사거리에서 오른쪽으로 가세요.

2. 횡단보도를 건너서 왼쪽으로 오세요.

- 에릭 씨가 어디에 갑니까?
- 여러분 집까지 어떻게 갑니까?

에릭: 우진 씨, 저는 지금 정류장에 있어요.
여기에서 우진 씨 집까지 어떻게 가요?
우진: 거기에서 서울은행이 보여요?
에릭: 서울은행요? 네, 보여요.
우진: 서울은행 건너편에 우리 집이 있어요.
횡단보도를 건너서 왼쪽으로 오세요.

거기　보이다　건너편　횡단보도　건너다

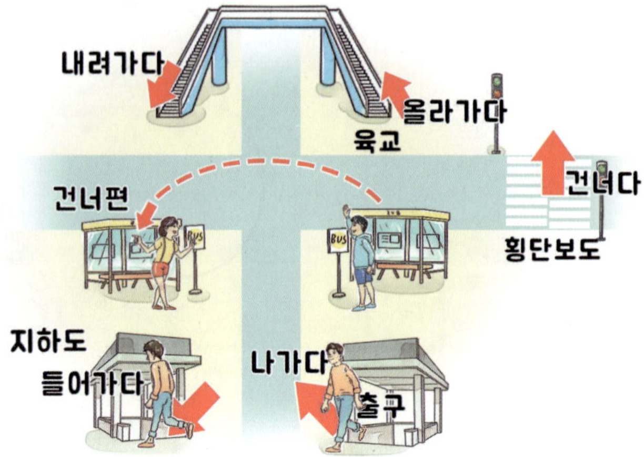

• 학교까지 어떻게 갈까요? 보기 와 같이 쓰십시오.

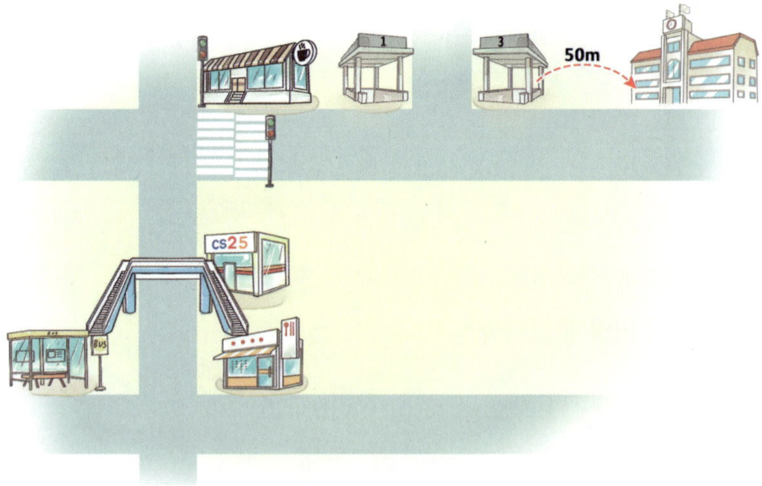

보기 사거리에 있는 버스 정류장에서 내리세요.

버스 정류장 앞에 있는 ① __________ 으로/로 ② __________ 으세요/세요.

길 ③ __________ 에 편의점과 식당이 있어요.

편의점이 있는 쪽으로 ④ __________ 으세요/세요. 편의점에서 똑바로 가면

⑤ __________ 이/가 있어요. 그 횡단보도를 ⑥ __________ 으세요/세요.

카페가 있어요. 카페에서 오른쪽으로 가면 ⑦ __________ 이/가 있어요.

지하도 1번 ⑧ __________ 으로/로 ⑨ __________ 으세요/세요. 그리고 3번 출구로

⑩ __________ 으세요/세요. 50m쯤 가면 학교가 있어요.

1 요?

- 누구요?
- 커피 두 잔요?
- 월요일요?
- 어제 만난 친구요?

가: 볼펜 한 자루 주세요.
나: 이 볼펜요?

가: 이 근처에 노래방이 있어요?
나: 노래방요?

- 레오 씨 부인의 생일입니다. 보기 와 같이 쓰고 말하십시오.

보기

1

2

3

4

5

보기

가: 실례지만 이 근처에 꽃집이 있어요?
나: 꽃집요?

1) 가: 장미 100송이 주세요.
나: ________________요?

2) 가: 한국 요리 책 좀 보여 주세요.
나: ________________요?

3) 가: 갈비 5인분 주세요.
나: ________________요?

4) 가: 3시간 예약해 주세요.
나: ________________요?

5) 가: 이거 선물이에요.
나: ________________요?

2 -어서/아서/여서[2]

- 노라 씨가 학교에 가서 공부해요.
- 길을 건너서 오른쪽으로 가세요.
- 저는 아침에 일어나서 운동을 합니다.
- 존 씨, 어제 뭘 만들어서 먹었어요?

약
화장실

가: 어제 약을 사서 먹었어요?
나: 네, 약을 사서 먹었어요.

가: 화장실이 어디예요?
나: 교실에서 나가서 오른쪽으로 가세요.

- 올리비아 씨의 하루입니다. 보기 와 같이 말하십시오.

보기

아침에 일어나서 커피를 마셨어요.

연습해 봅시다

• 그림을 보고 보기 와 같이 말하십시오.

보기

1

2

3

보기

가: 레오 씨, 저는 지금 정류장에 있어요.
여기에서 레오 씨 집까지 어떻게 가요?

나: 거기에서 대한병원이 보여요?

가: **대한병원요?** 네, 보여요.

나: 대한병원 건너편에 우리 집이 있어요.
횡단보도를 **건너서** 똑바로 오세요.

복습

1 알맞은 단어를 골라서 (   ) 안에 쓰십시오.

저	약국	거기	오른쪽	건너편	사거리
보이다	건너다	나가다	내려가다	횡단보도	실례지만

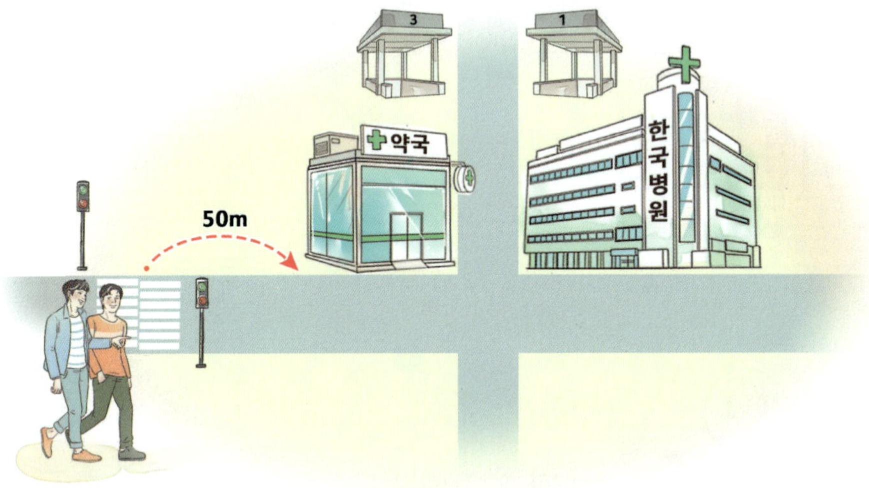

가: 보기 (저), ❶ (   ) 길 좀 가르쳐 주세요.

나: 네, 어디를 찾으세요?

가: 한국병원이 어디에 있어요?

나: 한국병원요? 앞에 ❷ (   )이/가 ❸ (   )지요?
이 횡단보도를 ❹ (   )어서/아서/여서 ❺ (   )으로/로
가세요. ❻ (   )쯤 가면 ❼ (   )이/가 있어요.
그리고 그 약국 ❽ (   )에 한국병원이 있어요.

가: 약국 앞에 횡단보도가 있어요?

나: 아니요, 약국 근처에 지하도가 있어요. 지하도 3번 출구로 ❾ (   )어서/아서/여서 1번 출구로 ❿ (   )으세요/세요.

가: 감사합니다.

2 그림을 보고 대화를 만드십시오.

가: 진수 씨, 진수 씨 집에 가는 길을 가르쳐 주세요.

나: 잠실역에서 보기 내려서~~어서/아서/여서~~ ① 5번 ______으로/로 나가세요.

거기에 백화점이 있어요. 백화점에서 100미터쯤 가세요.

가: ② ______요?

나: 네, ③ ______으면/면 횡단보도가 있어요.

그 횡단보도를 ④ ______어서/아서/여서 오른쪽으로 가세요.

우리 아파트가 있어요.

18과

날씨와 계절

01 비가 오는군요

대화 어휘: 일기예보, 따뜻하다, 가지고 오다, 비가 오다, 우산을 쓰다

확장 어휘: 물건, 따뜻하다, 맑다, 선선하다, 쌀쌀하다, 흐리다,
눈이 오다, 바람이 불다, 비가 오다

문법: -는군요
-을 것 같다

02 벚꽃을 구경하면서 천천히 걸읍시다

대화 어휘: 벚꽃, 봄, 피다, 소풍을 가다

확장 어휘: 계절, 눈사람, 팝콘, 눈싸움을 하다, 단풍을 구경하다,
담배를 피우다, 소풍을 가다, 해수욕장에 가다
· 봄, 여름, 가을, 겨울

문법: -는 것 같다
-으면서

MP3 / 35

1. 비가 오는군요

- 오늘 날씨가 어떻습니까?
- 어떤 날씨를 좋아합니까?

유키: 비가 오는군요. 노라 씨, 우산이 있어요?

노라: 네, 아침에 일기예보를 듣고 우산을 가지고 왔어요.
제 우산을 같이 써요.

유키: 고마워요. 비가 많이 올 것 같지요?

노라: 네, 그럴 것 같아요. 비가 와서 추운데 따뜻한 차를 한 잔 마시러 갈까요?

비가 오다　일기예보　가지고 오다　우산을 쓰다　따뜻하다

어휘

맑다

흐리다

비가 오다

눈이 오다

바람이 불다

따뜻하다

선선하다

쌀쌀하다

• 세계의 날씨입니다. 보기 와 같이 쓰십시오.

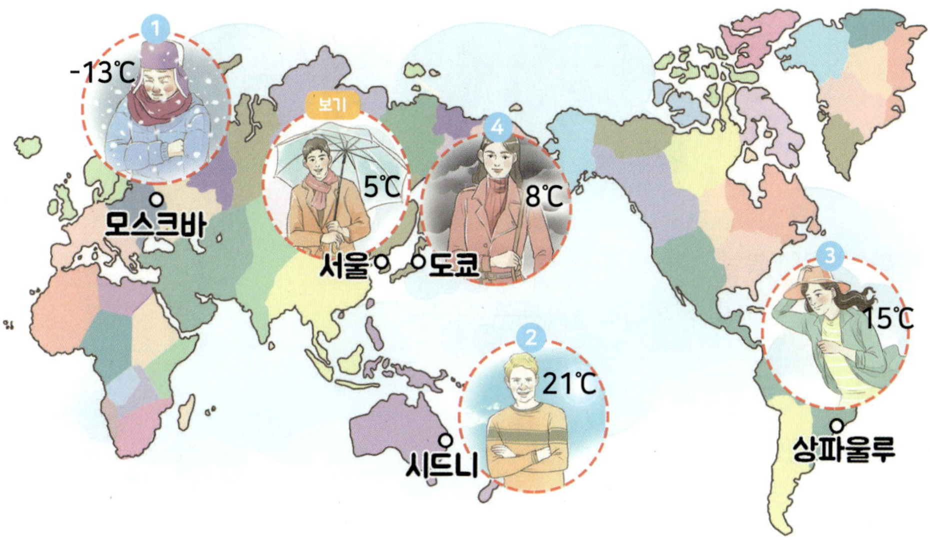

서울	보기 비가 옵니다. 쌀쌀합니다.
모스크바	① ____________, 춥습니다.
시드니	② ____________. ____________.
상파울루	③ ____________. ____________.
도쿄	④ ____________. ____________.

문법

1 -는군요/군요

- 날씨가 좋군요.
- 여기가 명동이군요.
- 유키 씨가 한국말을 참 잘하는군요.
- 마이클 씨가 고향에 돌아갔군요.

물건

가: 제 방이에요.
나: 예쁜 물건이 많군요.

가: 저는 날마다 도서관에서 공부해요.
나: 열심히 공부하는군요.

- 보기 와 같이 쓰십시오.

보기

하늘: 길이 복잡하지요?
노라: 네, 길이 아주 복잡하군요~~는군요/군요~~.

1) 하늘: 저 집을 보세요.
노라: 집이 ________________ 는군요/군요.

2) 하늘: 한복을 입은 사람들이 많아요.
노라: 한복이 ________________ 는군요/군요.

3) 노라: 옷값이 ________________ 는군요/군요.
하늘: 네, 옷값이 싸서 쇼핑하러 오는 사람이 많아요.

4) 노라: 저 식당 앞에 사람이 ________________ 는군요/군요.
하늘: 네, 저 식당 음식이 아주 맛있어요.

5) 노라: 한국 사람들이 ________________ 는군요/군요.
하늘: 네, 커피를 좋아하는 사람이 많아요.

2 -을/ㄹ 것 같다

- 오후에 눈이 올 것 같아요.
- 김치가 매울 것 같아요.
- 약속 시간에 늦을 것 같아요.
- 휴가철이어서 비행기 표가 없을 것 같아요.

가: 시험이 어려울 것 같아요?
나: 네, 아주 어려울 것 같아요.

가: 에릭 씨가 언제 올 것 같아요?
나: 요즘 일이 많아서 늦게 올 것 같아요.

• 사람들이 무엇을 할 것 같아요? 보기 와 같이 말하십시오.

보기

태권도를 할 것 같아요.

연습해 봅시다

• 보기 와 같이 말하십시오.

보기

1

2

3

보기	날씨가 흐리다.	비가 오다.	등산을 하다.	집에서 쉬다.
1	바람이 불다.	쌀쌀하다.	놀이공원에 가다.	영화를 보다.
2	날씨가 흐리다.	눈이 오다.	밖에서 운동을 하다.	체육관에서 운동을 하다.
3	비가 오다.	춥다.	공원에서 산책하다.	백화점에 가다.

보기

가: 날씨가 흐리군요.

나: 네, 비가 올 것 같아요.

가: 오늘은 등산을 하지 못할 것 같아요.

나: 그럼 오늘은 집에서 쉴까요?

2. 벚꽃을 구경하면서 천천히 걸읍시다

- 두 사람이 어디에 갑니까?
- 여러분은 봄에 무엇을 합니까?

올리비아: 한강공원에서 사람들이 많이 내리는군요.
노라: 봄에는 날씨가 따뜻해서 소풍을 가는 사람이 많은 것 같아요.
올리비아: 벚꽃이 피어서 경치가 아름답지요?
노라: 네, 벚꽃을 구경하면서 천천히 걸읍시다.

봄　소풍을 가다　벚꽃　피다

어휘

계절

봄

여름

가을

겨울

소풍을 가다

해수욕장에 가다

단풍 구경을 하다

눈싸움을 하다

- 한국의 사계절입니다. 보기 와 같이 쓰고 말하십시오.

보기 봄	① ______	② ______	③ ______
3월~5월	6월~8월	9월~11월	12월~2월
따뜻하다	덥다	선선하다	춥다
벚꽃	바다	단풍	눈사람
소풍을 가다	해수욕장에 가다	단풍 구경을 하다	눈싸움을 하다

보기

가: 어느 계절을 좋아하세요?

나: 봄을 좋아해요.

가: 봄에 무엇을 해요?

나: 소풍을 가요

눈사람

1 -는/은/ㄴ 것 같다

- 비가 오는 것 같아요.
- 친구가 집에 없는 것 같아요.
- 동생이 아픈 것 같아요.
- 리타오 씨가 시험을 잘 본 것 같아요.

가: 레오 씨가 무슨 음식을 만들어요?
나: 샌드위치를 만드는 것 같아요.

가: 누가 이 카드를 썼어요?
나: 아이가 쓴 것 같아요.

● 보기 와 같이 쓰십시오.

보기

가: 존 씨가 커요? 에릭 씨가 커요?
나: 존 씨가 큰 것 같아요.~~는/은/ㄴ 것 같아요.~~

1) 가: 누가 늦게 왔어요?
나: ______________________ 는/은/ㄴ 것 같아요.

2) 가: 올리비아 씨가 시험을 잘 봤어요?
나: 네, ______________________ 는/은/ㄴ 것 같아요.

3) 가: 유키 씨가 어디에 가요?
나: ______________________ 는/은/ㄴ 것 같아요.

4) 가: 흐엉 씨가 음악을 들어요?
나: 아니요, ______________________ 는/은/ㄴ 것 같아요.

5) 가: 지금 쉬는 시간이에요?
나: 네, ______________________ 는/은/ㄴ 것 같아요.

2 -으면서/면서

- TV를 보면서 식사를 해요.
- 친구하고 같이 이야기하면서 걸어가요.
- 피아노를 치면서 노래를 불렀어요.
- 음악을 들으면서 공부할까요?

팝콘

가: 팝콘을 살까요?
나: 네, 팝콘을 먹으면서 영화를 봅시다.

가: 뭘 하면서 친구를 기다려요?
나: 게임을 하면서 기다려요.

• 사람들이 무엇을 합니까? 보기 와 같이 말하십시오.

담배를 피우다

보기

담배를 피우면서 신문을 봅니다.

연습해 봅시다

• 보기 와 같이 말하십시오.

보기

①

②

③

보기	단풍을 구경하다	산책을 하다
①	수영하다	놀다
②	사진을 찍다	경치를 구경하다
③	커피를 마시다	이야기하다

- 춘천
- 하와이
- 노르웨이
- 베트남

보기

가: 사람들이 **단풍을 구경하면서** 산책을 하는군요. 저기가 어디예요?

나: 춘천인 것 같아요.

가: 저곳은 날씨가 어때요?

나: 선선한 것 같아요.

복습

1 알맞은 단어를 골라서 (   ) 안에 쓰십시오.

일기예보	비가 오다	맑다	가지고 오다	꽃을 구경하다
우산을 쓰다	봄	소풍을 가다	피다	

노라: 보기 벚꽃이 (피어서)~~어서/아서/여서~~ 공원이 정말 아름다워요.

윤아: 그렇지요? ❶ (   )으러/러 온 사람이 많아요.

노라: 사진을 찍으러 온 사람도 많은 것 같아요. 윤아 씨, 우리도 사진을 찍을까요?

윤아: 네, 좋아요. 노라 씨, 찍습니다. 하나, 둘, 셋.

(잠시 후)

노라: 윤아 씨, 날씨가 좀 흐려요. ❷ (   )을/ㄹ 것 같아요.

윤아: 우리나라는 ❸ (   )에 비가 자주 와요. 저는 아침에 ❹ (   ) 을/를 보고 우산을 ❺ (   )었어요/았어요/였어요. 비가 오면 제 ❻ (   )읍시다/ㅂ시다.

2 그림을 보고 대화를 만드십시오.

선생님: 오늘 삼계탕을 만들 거예요. 여러분, 삼계탕을 좋아하세요?

학생들: 네, 좋아해요.

선생님: 삼계탕은 한국 사람들이 여름에 많이 먹어요.

존: 선생님, 삼계탕을 만드는 것이 보기 어려울 것 같아요.~~는/은/ㄴ/을/ㄹ 것 같아요~~.
(어렵다)

선생님: 아니에요. 어렵지 않아요. 저기에 있는 학생은 지금 제 이야기를 ❶ ______ (듣지 않다) 는/은/ㄴ/을/ㄹ 것 같아요. 제 이야기를 ❷ ______ (듣다) 으면서/면서 만드세요.

(삼계탕을 만든 후)

존: 선생님, 제가 만든 삼계탕이 어때요?

선생님: 와, 제가 만든 것보다 더 ❸ ______ (맛있다) 는/은/ㄴ/을/ㄹ 것 같아요.

(삼계탕을 먹은 후)

존: 선생님, 맛이 어때요?

선생님: 정말 맛있어요. 존 씨가 요리를 ❹ ______ (잘하다) 는군요/군요.

존: 정말요? 감사합니다.

19과

여행

01 토요일에 전주에 가려고 해요

대화 어휘: 민박집, 전주, 민박하다, 아직

확장 어휘: 게스트하우스, 민박집, 여행, 여행사, 콘도, 펜션, 호텔, 계획을 세우다, 여행을 가다

문법: -으려고 하다
-는 게 어때요?

02 여행갈 준비를 하고 있어요

대화 어휘: 모자, 떠나다, 싸다, 다

확장 어휘: 모자, 선글라스, 약, 여권, 우산, 충전기, 신다, 쓰다, 돈을 바꾸다

문법: -고 있다
못

MP3 / 37

1. 토요일에 전주에 가려고 해요

- 여행을 좋아하십니까?
- 여행을 가면 어디에서 잡니까?

올리비아: 토요일에 전주에 가려고 해요.

윤아: 그래요? 어디에서 잘 거예요?

올리비아: 아직 몰라요. 윤아 씨가 아는 곳이 있으면 좀 가르쳐 주세요.

윤아: 민박하는 게 어때요? 제가 잘 아는 민박집이 있어요.

전주 아직 민박하다 민박집

여행/여행을 가다

계획을 세우다

여행사

호텔

콘도

펜션

게스트하우스

민박집

• 보기 와 같이 쓰십시오.

저는 보기 여행을~~을/를~~ 참 좋아해요. 그래서 여기저기를 구경했어요. 저는 여행을 가면 보통 ❶ ________에서 자요. 값도 싸고 여러 나라에서 온 친구들을 만날 수 있어요. 그래서 학생들이 많이 가요. 그런데 부모님과 여행을 가면 좋은 ❷ ________에서 자요. 값은 비싸지만 아주 좋아요.

저는 가족들과 자주 ❸ ________어요/아요/여요.
보통 ❹ ________에서 자요.
요리도 할 수 있고 편의점과 노래방도 있어요.
예쁘고 멋있는 집에서 자고 싶으면 ❺ ________에 가세요.
아름다운 경치도 볼 수 있어요.

저는 다음 주말에 친구들과 같이 아름다운 제주도에 갈 거예요.
그래서 오늘 ❻ ________에 가서 비행기 표를 예매했어요.
오후에 친구들을 만나서 여행 ❼ ________을/ㄹ 거예요.

문법

1 -으려고/려고 하다

- 저는 저녁에 한식을 먹으려고 해요.
- 저는 주말에 단풍 구경을 하려고 해요.
- 에릭 씨가 오후에 은행에 가서 돈을 찾으려고 해요.
- 올리비아 씨, 도서관에서 무슨 책을 빌리려고 해요?

가: 내일은 바다를 보러 가려고 해요.
나: 그래요? 같이 갑시다.

가: 존 씨는 한국말을 배워서 뭘 하려고 해요?
나: 한국말을 가르치고 싶어요.

- 올리비아 씨가 여행을 가려고 해요. 보기 와 같이 말하십시오.

보기 여행 갈 곳

① 타고 갈 것

② 구경하고 싶은 곳

③ 먹고 싶은 것

④ 만나고 싶은 사람

⑤ 자고 싶은 곳

보기

가: 어디로 여행을 가려고 해요?
나: 전주로 여행을 가려고 해요.

2 -는 게 어때요?

- 5시쯤 만나는 게 어때요?
- 머리가 아프면 약을 먹는 게 어때요?
- 금요일인데 한잔하는 게 어때요?
- 여름이니까 바다에 가는 게 어때요?

가: 수업이 너무 어려워요.
나: 어려우면 예습을 하는 게 어때요?

가: 날마다 한국 음식을 먹었어요.
나: 그럼 오늘은 베트남 음식을 먹는 게 어때요?

- 노라 씨가 다음 주에 노래대회에 나갑니다. 보기 와 같이 말하십시오.

보기

노라: 노르웨이 노래를 부르려고 해요.
윤아: 한국 노래를 부르는 게 어때요? 좋은 노래가 많아요.

1) 노라: 조용한 노래를 부를까요? 시끄러운 노래를 부를까요?
   윤아: ________________? 제가 좋은 노래를 알아요.
2) 노라: 치마를 입을까요? 바지를 입을까요?
   윤아: ________________? 치마보다 바지가 더 예뻐요.
   노라: 노래를 잘 부르고 싶어요. 바쁘지 않으면 내일 좀 도와주세요.
   윤아: 네, 좋아요. 만나서 같이 저녁을 먹고 노래방에 갑시다.
3) 노라: 그럼 내일 몇 시에 만날까요?
   윤아: ________________? 수업이 6시에 끝나요.
4) 노라: 어디에서 저녁을 먹을까요?
   윤아: ________________? 그 식당 음식이 맛있어요.
5) 노라: 기숙사 근처 노래방에 갈까요? 학교 앞 노래방에 갈까요?
   윤아: ________________? 그 노래방이 크고 값도 싸요.

연습해 봅시다

• 보기 와 같이 말하십시오.

보기	주말	부산	호텔
1	내일	제주도	펜션
2	이번 주 금요일	강릉	콘도
3	다음주 토요일	일본	게스트하우스

보기

가: 주말에 부산에 **가려고 해요.**

나: 그래요? 어디에서 잘 거예요?

가: 아직 몰라요. 아는 곳이 있으면 좀 가르쳐 주세요.

나: 호텔에서 **자는 게 어때요?** 제가 잘 아는 호텔이 있어요.

2. 여행 갈 준비를 하고 있어요

- 어디로 여행을 가고 싶습니까?
- 여행을 가려고 합니다. 무엇을 준비해야 합니까?

윤아: 노라 씨, 지금 뭘 해요?

노라: 여행 갈 준비를 하고 있어요. 내일 베트남으로 떠나요.

윤아: 가방은 다 쌌어요?

노라: 아니요, 아직 다 못 쌌어요. 모자도 하나 사야 해요.

떠나다　다　싸다　모자

어휘

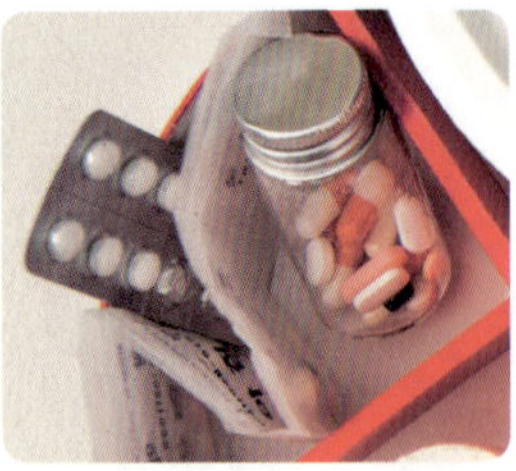

약

우산

여권

모자

충전기

선글라스

입다

신다

쓰다

- 한국에 있는 윤아와 노르웨이에 있는 노라가 전화합니다.
  보기 와 같이 쓰십시오.

노라: 윤아 씨, 보기 여권을 ~~을/를~~ 만들었어요?
윤아: 네, 지난주에 만들었어요.
노라: 내일 출발하지요? 가방은 다 쌌어요?
윤아: 아니요, 저녁에 가방을 싸려고 해요. 여행을 가서 ❶ ________ 을/ㄹ 선글라스를 사러 조금 이따가 나갈 거예요. 백화점에서 휴대전화 ❷ ________ 도 하나 사고 약국에서 ❸ ________ 도 조금 살 거예요.
노라: 지금 여기는 날씨가 추우니까 따뜻한 ❹ ________ 을/를 쓰고 오세요. 두꺼운 양말도 ❺ ________ 어야/아야/여야 해요.
윤아: 네, 알겠어요.
노라: 그리고 요즘 비가 자주 오니까 ❻ ________ 도 가지고 오세요.
윤아: 네, 우산은 어제 샀어요. 그럼 노르웨이에서 만나요!

1 -고 있다

- 노라 씨가 가방을 싸고 있어요.
- 저기에서 춤을 추고 있는 사람이 누구예요?
- 저는 아까 책을 읽고 있었습니다.
- 리타오 씨가 샤워를 하고 있어서 전화를 받지 못했어요.

가: 식사하고 있어요?
나: 아니요, 저는 텔레비전을 보고 있어요.

가: 지금 뭘 해요?
나: 저는 음악을 듣고 있어요.

- 친구들이 공항에 있습니다. 보기 와 같이 말하십시오.

보기

가: 주앙 씨가 뭘 하고 있어요?
나: 돈을 바꾸고 있어요.

돈을 바꾸다

2 못

- 저는 바빠서 모임에 못 가요.
- 너무 시끄러워서 유키 씨가 선생님 말씀을 못 들었어요.
- 노라 씨, 왜 호텔 예약을 못 했어요?
- 제 동생은 한글을 몰라서 책을 못 읽어요.

가: 맥주를 마시면서 이야기합시다.
나: 미안하지만 저는 맥주를 못 마십니다.

가: 레오 씨, 숙제했지요?
나: 아니요, 어제 너무 아파서 숙제를 못 했어요.

- 흐엉 씨에 대해서 알아봅시다. 보기 와 같이 말하십시오.

보기 ① ② ③ ④ ⑤

보기

가: 탁구를 칠 수 있어요?
나: 아니요, 탁구를 못 쳐요.

연습해 봅시다

• 보기 와 같이 말하십시오.

보기	싼 비행기 표를 찾다	호텔을 예약하다
1	같이 여행 갈 친구하고 이야기하다	식사를 하다
2	쇼핑하다	여행 가서 입을 옷을 사다
3	가방을 싸다	돈을 바꾸다

보기

가: 지금 뭘 해요?

나: 싼 비행기 표를 찾고 있어요.

가: 호텔은 예약했어요?

나: 아니요, 아직 못 했어요.

복습

1 알맞은 단어를 골라서 쓰십시오.

전주	우산	민박집	싸다	떠나다	민박하다	다	아직	모자

이번 금요일에는 수업이 없어요. 그래서 친구들과 보기 (전주)에 여행을 가려고 해요. 맛있는 비빔밥도 먹고 한옥마을도 구경하려고 해요. 친구들은 ❶ (   ) 한국 사람이에요. 우리는 거기에서 ❷ (   )을/ㄹ 거예요.
게스트하우스는 여러 나라에서 온 친구들을 만날 수 있어서 좋지만 방이 없었어요. 그래서 한국 친구가 소개해 준 ❸ (   )을/를 예약했어요.
기차표는 ❹ (   ) 예매 못 했어요. 놀러가는 사람들이 많아서 표를 사는 것이 힘들 것 같아요. 표가 없으면 친구 차로 갈 거예요. 내일 ❺ (   )으니까/니까 오늘 이것저것 준비해야 해요. 지금 가방을 ❻ (   )고 있어요.
비가 올 것 같아서 ❼ (   )을/를 가지고 갈 거예요. 친구한테서 선물 받은 따뜻한 ❽ (   )도 가지고 갈 거예요. 가지고 갈 것이 많아서 가방이 조금 무거울 것 같아요.

2 대화를 만드십시오.

노라: 주앙 씨, 미안해요. 너무 늦게 전화했지요? 보기 자고 있었어요?
주앙: 아니요, 지금 ❶ ______고 있어요. 오늘 공부할 게 많아요.
그런데 무슨 일이에요?
노라: 토요일이 남자 친구 생일이어서 ❷ ______으려고/려고 해요.
남자들은 무슨 선물을 받으면 좋아해요?
주앙: 글쎄요. ❸ ______는 게 어때요?
저는 옷이나 신발을 받으면 기분이 좋아요.
노라: 그래요? 저는 책을 사 주려고 했어요.
주앙: 책도 좋을 것 같아요.
참, 내일 반 친구들과 같이 영화를 보러 갈 거지요?
노라: 미안해요. 오후에 아르바이트를 해야 해서 ❹ ______ 가요.

20과

방학과 휴일

01 학기가 시작되기 전에 만날 수 있어요?

대화 어휘: 학기, 돌아오다, 방학하다, 시작되다, 한번

확장 어휘: 끝, 방학, 방학 중, 시작, 학기 중, 방학하다, 방학이 끝나다, 방학이 시작되다, 학기가 끝나다, 학기가 시작되다

문법: -기 전에

-겠다[1]

02 세배할 거예요. 맛있는 떡국도 먹고요

대화 어휘: 댁, 떡국, 설날, 세배하다

확장 어휘: 설날, 어린이날, 음력, 크리스마스, 크리스마스트리, 한글날, 휴가, 휴일

문법: -지 않아요?

-고요

1. 학기가 시작되기 전에 만날 수 있어요?

- 방학이 언제입니까?
- 방학에 무엇을 하고 싶습니까?

노라: 리타오 씨, 방학하면 고향에 갈 거예요?

리타오: 네, 고향에 갈 거예요.

노라: 학기가 시작되기 전에 한번 만날 수 있어요?

리타오: 네, 돌아와서 제가 연락하겠습니다.

방학하다　학기　시작되다　한번　돌아오다

8월						
일요일	월요일	화요일	수요일	목요일	금요일	토요일
	1	2	3	4	5	6
7	8	9	10	11	12	13
14	15	16	17 여름 학기 끝	18 방학 시작	19	20
21	22	23	24 방학	25	26	27
28	29	30 방학 끝	31 가을 학기 시작			

~8월 17일
학기 중

8월 17일
학기가 끝나다

8월 18일
방학하다
방학이 시작되다

8월 18일~30일
방학 중

8월 30일
방학이 끝나다

8월 31일
학기가 시작되다

끝
시작

• 달력을 보고 보기 와 같이 쓰십시오.

2월						
일요일	월요일	화요일	수요일	목요일	금요일	토요일
			1	2	3	4
5	6	7	8	9 겨울 학기 끝	10 방학 시작	11
12	13	14	15	16	17	18
19	20	21	22	23	24	25
26	27	28	3/1 방학 끝	3/2 봄 학기 시작	3/3	3/4

우리 학교가 보기 방학했어요~~었어요/았어요/였어요.~~

2월 9일에 겨울 ① ____________고 2월 10일에 ② ____________었어요/았어요/였어요.

이번 방학은 좀 길어요. 그래서 ③ ________에 하고 싶은 일이 많아요. 스키장에 가서 스키도 타고 여행도 가고 싶어요. ④ __________에는 바빠서 여행을 갈 수 없어요.

3월 1일에 ⑤ ____________고 3월 2일에 ⑥ ____________어요/아요/여요.

1 -기 전에

- 밥을 먹기 전에 손을 씻어요.
- 친구를 만나기 전에 숙제를 하세요.
- 자기 전에 세수하고 이를 닦았어요.
- 여행을 가기 전에 무엇을 준비해야 해요?

가: 방학이 끝나기 전에 같이 여행을 갈까요?
나: 네, 좋아요. 그럽시다.

가: 언제 아침을 먹었어요?
나: 학교에 오기 전에 먹었어요.

- 윤아 씨가 케냐에 여행을 가려고 합니다. 보기와 같이 말하십시오.

보기

여행을 가기 전에 쇼핑해요.

2 -겠다[1]

- 제가 내일 전화하겠습니다.
- 저는 이번 방학에 여행을 가겠어요.
- 뭘 드시겠습니까?
- 무슨 음식을 만들겠어요?

가: 이 일을 내일까지 하세요.
나: 네, 내일까지 하겠습니다.

가: 누가 여기에 앉겠습니까?
나: 제가 앉겠습니다.

- 신입사원 환영회 준비를 합니다. 보기 와 같이 말하십시오.

보기

제가 우진 씨와 같이 계획을 세우겠습니다.

연습해 봅시다

- 보기 와 같이 말하십시오.

보기

1

2

3

보기

가: 방학하면 무엇을 할 거예요?

나: 케냐에 갈 거예요.

가: 케냐에 **가기 전에** 만날 수 있어요?

나: 네, 제가 **연락하겠습니다.**

MP3 / 40

2. 세배할 거예요. 맛있는 떡국도 먹고요.

- 여러분 나라에는 휴일이 많습니까?
- 휴일에 보통 무엇을 합니까?

보기

흐엉: 오늘 백화점에 사람이 너무 많지 않아요?

주앙: 네, 설날 선물을 사러 온 사람들이 많은 것 같아요.

흐엉: 주앙 씨는 이번 설날에 뭘 할 거예요?

주앙: 동생하고 할아버지 댁에 가서 세배할 거예요. 맛있는 떡국도 먹고요.

설날 댁 세배하다 떡국

10월						
일요일	월요일	화요일	수요일	목요일	금요일	토요일
			1	2	3	4
5	6 대한백화점 휴일	7	8	9	10	11
12	13	14	15	16	17	18
19	20	21	22	23	24	25
26	27	28	29	30	31	

○ 휴일

휴가

설날

어린이날

한글날

크리스마스

● 보기 와 같이 쓰십시오.

한국에는 보기 휴일이~~이/가~~ 많습니다.
봄에는 ① __________ 이/가 있습니다. 그날 부모님과 같이 놀이공원에 가는 아이들이 많습니다.
회사원들은 여름 ② __________ 을/를 기다립니다. 보통 산이나 바다로 떠납니다.
가을에는 ③ __________ 이/가 있습니다. 세종대왕이 한글을 만든 것을 축하합니다.
겨울에는 ④ __________ 이/가 있습니다. 가족들과 같이 식사하고 선물을 주고 받습니다. 음력 1월 1일은 ⑤ __________ 입니다. 세배하고 떡국을 먹습니다.

음력

문법

1 -지 않아요?

- 교실이 좀 덥지 않아요?
- 에릭 씨는 술을 못 마시지 않아요?
- 혼자 일하면 힘들지 않아요?
- 우진 씨가 민철 씨보다 일을 잘하지 않아요?

가: 집에 텔레비전이 없어요.
나: 심심하지 않아요?

가: 주앙 씨가 춤을 정말 잘 추지 않아요?
나: 네, 정말 잘 추는군요.

• 보기 와 같이 말하십시오.

보기

1

2

3

4

5

크리스마스 트리

보기

가: 크리스마스트리가 정말 예쁘지 않아요?
나: 네, 정말 예뻐요.

2 -고요

- 비가 많이 와요. 바람도 불고요.
- 추석에 가족을 만나요. 맛있는 음식도 먹고요.
- 이 식당 음식이 맛있어요. 값도 싸고요.
- 우진 씨가 재미있어요. 친절하고요.

가: 제주도가 아름답지요?
나: 네, 아름다워요. 사람들도 친절하고요.

가: 여행을 가서 무엇을 했어요?
나: 여기저기 구경했어요. 쇼핑도 하고요.

● 보기 와 같이 말하십시오.

보기

가: 샌드위치가 어때요?
나: 맛없어요. 값도 비싸고요.

연습해 봅시다

• 보기 와 같이 말하십시오.

보기 어린이날	주말	휴가	크리스마스
놀이공원 (X)	산 (X)	제주도 (X)	집 (X)
한강공원 (O)	미술관 (O)	춘천 (O)	파티 (O)

사람이 너무 많다	자전거를 타다 / 맛있는 음식을 먹다
날씨가 좀 춥다	그림을 보다 / 맛있는 커피를 마시다
너무 멀다	배를 타다 / 닭갈비를 먹다
심심하다	춤을 추다 / 게임을 하다

보기

가: 이번 어린이날에 놀이공원에 갑시다.

나: 놀이공원은 사람이 너무 많지 않아요?

가: 그럼 한강공원에 갈까요?

나: 네, 좋아요. 거기에서 자전거를 탑시다. 맛있는 음식도 먹고요.

복습

1 알맞은 단어를 골라 (   ) 안에 쓰십시오.

휴가	설날	한번	댁	떡국
세배하다	돌아오다	학기	방학하다	시작되다

가: 이번 겨울에 보기 (방학하면)~~으면/면~~ 무엇을 할 거예요?

나: 저는 고향에 갈 거예요. 윤아 씨는요?

가: 저는 ❶ (   )에 할머니 ❷ (   )에 가려고 해요.

나: 거기에 가서 뭘 해요?

가: ❸ (   )을/ㄹ 거예요. ❹ (   )도 먹고요.

흐엉 씨, ❺ (   )이/가 ❻ (   )기 전에 만날까요?

나: 네, 좋아요. ❼ (   ) 만납시다.

제가 한국에 ❽ (   )으면/면 연락하겠습니다.

2 대화를 만드십시오.

가: 지금 뭘 해요?

나: 오늘 우리 집에서 파티를 해서 음식을 만들고 있어요.

가: 준비할 것이 많아요?

나: 네, 보기 친구들이 오기 전에 음식을 다 만들어야 해요.

가: 혼자 준비하면 ❶ ________ 지 않아요? 제가 좀 ❷ ________ 겠습니다.

나: 와, 고마워요.

가: 그런데 파티에서 뭘 할 거예요?

나: 게임할 거예요. ❸ ________ 고요.

부록

연습 문제
모범 답안(교재)
연습 문제 답안
색인(어휘·문법)

연습 문제

<1> 날씨가 좋으니까 공원에 갑시다

어휘

1. 알맞은 단어를 골라서 (　　)에 쓰십시오.

약속　자전거를 타다　가끔　요즘　한강공원

1) 고향에서 (　　　　　　) 등산을 했어요.

2) 날마다 학교에 (　　　　　　)고 갑니다.

3) 주말에 (　　　　　　)이/가 많아서 바빴어요.

4) (　　　　　　) 시간이 없어서 운동을 하지 못해요.

5) 내일 여자 친구하고 (　　　　　　)에서 데이트할 거예요.

문법1 **-은/ㄴ 후에**

1. 쓰십시오.

보기 **가:** 책을 읽어요. / 자요.
→ **나:** 책을 읽은 후에 자요.

1) **가:** 청소를 합니다 / 빨래를 했습니다.

나: ______________________________.

2) **가:** 숙제를 합니다 / 놀 거예요.

나: ______________________________.

3) **가:** 수업이 끝납니다 / 영화를 보러 갑시다.

나: ______________________________.

4) **가:** 한국말을 배웁니다 / 영어를 배우고 싶어요.

나: ______________________________.

5) **가:** 점심을 먹습니다 / 같이 농구할까요?

나: ______________________________.

2. 대화를 만드십시오.

보기 **가:** 시험이 끝난 후에 뭘 할 거예요?
나: 시험이 끝난 후에 친구들과 같이 한강공원에 갈 거예요.

1) **가:** 보통 저녁을 먹은 후에 무엇을 해요?
   나: ______________________________.

2) **가:** 어제 운동을 한 후에 무엇을 했어요?
   나: ______________________________.

3) **가:** 날마다 아르바이트를 한 후에 어디에 가요?
   나: ______________________________.

4) **가:** 언제 만날까요?
   나: ______________________________.

5) **가:** 언제 잘 거예요?
   나: ______________________________.

문법2 -으니까/니까[1]

1. 쓰십시오.

보기 배가 고픕니다 / 식당에 갑시다.
→ 배가 고프니까 식당에 갑시다.

1) 피곤합니다 / 조금 쉽시다.
   → ______________________________.

2) 내일 시험이 있습니다 / 열심히 공부하십시오.
   → ______________________________.

3) 교실이 춥습니다 / 문을 닫으십시오.
   → ______________________________.

4) 오늘은 바쁩니다 / 내일 만납시다.
   → ______________________________.

5) 늦었습니다 / 집에 갈까요?
   → ______________________________.

2. 대화를 만드십시오.

보기 **가:** 공원에서 산책할까요?
나: 네, 날씨가 좋으니까~~으니까/니까~~ 산책합시다.

1) **가:** 창문을 열까요?

나: 네, ________________ 으니까/니까 창문을 여십시오.

2) **가:** 저 식당에서 점심을 먹을까요?

나: 네, ________________ 으니까/니까 저 식당에서 먹어요.

3) **가:** 버스를 탈까요?

나: 아니요, ________________ 으니까/니까 지하철을 탑시다.

4) **가:** 언제 만날까요?

나: ________________ 으니까/니까 내일 만납시다.

5) **가:** 냉면을 시킬까요? 삼계탕을 시킬까요?

나: ________________________________.

11과 <2> 심심한데 놀이공원에 갈까요?

어휘

1. 알맞은 단어를 골라서 (   ) 안에 쓰십시오.

심심하다　　놀이공원　　글쎄요　　드라마

1) 아침부터 저녁까지 (   )에서 놀았어요.

2) (   )어요/아요/여요. 같이 농구할까요?

3) 한국 (   )이/가 재미있어서 자주 봅니다.

4) 가: 우리 피시방에서 게임할까요?

나: (   ), 피시방은 시끄러워서 가고 싶지 않아요.

문법1 -는데/은데/ㄴ데[1]

1. 쓰십시오.

보기 오후에 한가합니다. / 미술관에 갈까요?
→ 오후에 한가한데 미술관에 갈까요?

1) 일이 너무 많습니다 / 같이 합시다.

→ ______________________________.

2) 덥습니다 / 냉면을 먹읍시다.

→ ______________________________.

3) 내일은 약속이 없습니다 / 내일 만날까요?

→ ______________________________.

4) 지금 백화점에 옷을 사러 갑니다 / 같이 가요.

→ ______________________________.

5) 불고기가 맵지 않습니다 / 불고기를 시키십시오.

→ ______________________________.

2. 대화를 만드십시오.

보기 가: 심심한데 게임을 할까요?
나: 네, 게임을 합시다.

1) 가: ______________ 는데/은데/ㄴ데 ______________?
나: 네, 같이 숙제를 합시다.

2) 가: ______________ 는데/은데/ㄴ데 ______________?
나: 네, 삼계탕을 먹읍시다.

3) 가: ______________ 는데/은데/ㄴ데 ______________?
나: 네, 그 영화를 봅시다.

4) 가: ______________ 는데/은데/ㄴ데 ______________?
나: 아니요. 다음 주에 만나요.

5) 가: ______________ 는데/은데/ㄴ데 ______________?
나: 글쎄요. 놀이공원은 너무 복잡해서 가고 싶지 않아요.

문법2 이나/나[1]

1. 쓰십시오.

보기 카페에서 공부해요. / 도서관에서 공부해요.
→ 카페나 도서관에서 공부해요.

1) 김밥을 먹읍시다. / 샌드위치를 먹읍시다.
→ ______________.

2) 잡지를 봅니다. / 신문을 봅니다.
→ ______________.

3) 토요일이 좋습니다. / 일요일이 좋습니다.
→ ______________.

4) 수영을 배우십시오. / 태권도를 배우십시오.
→ ______________.

5) 한강공원에 가고 싶습니다. / 놀이공원에 가고 싶습니다.
→ ______________.

2. 대화를 만드십시오.

보기

스키 (○)	요가 (○)	테니스

가: 무슨 운동을 배우고 싶어요?
나: 스키나 요가를 배우고 싶어요.

1)

냉면	자장면	우동

가: 점심에 뭘 먹을까요?
나: ______________________.

2)

꽃	책	지갑

가: 친구 생일입니다. 무슨 선물이 좋습니까?
나: ______________________.

3)

카페	미술관	놀이공원

가: 어디에서 데이트하고 싶어요?
나: ______________________.

4)

금요일	토요일	일요일

가: 언제 만날까요?
나: ______________________.

5)

커피	녹차	물

가: 식사를 한 후에 보통 뭘 마셔요?
나: ______________________.

12과 <1> 아버지께서 무슨 일을 하십니까?

어휘

1. 알맞은 단어를 골라서 (   ) 안에 쓰십시오.

이분　　아버지　　교수　　대학교　　역사

1) 김영호 씨는 (   )입니다.

2) 저는 (   )을/를 공부합니다.

3) (   )은/는 제 한국말 선생님이십니다.

4) 하늘 씨는 대학생이에요. (   )에서 공부해요.

5) 우리 부모님이십니다. (   )은/는 회사원이시고 어머니는 기자십니다.

문법1 -으시다/시다

1. 문장을 바꿔 쓰십시오.

보기 책을 읽습니다. → 책을 읽으십니다.

1) 운동합니다. → ______________________.

2) 의자에 앉습니다. → ______________________.

3) 사진을 찍습니다. → ______________________.

4) 빵을 먹습니다. → ______________________.

5) 잡니다. → ______________________.

2. 그림을 보고 대화를 만드십시오.

보기 

가: 아버지가 노래하십니까?

나: 네, 아버지가 노래하십니다.

① 

가: 어머니가 잡지를 읽으십니까?

나: 네, ______________________.

❷ 

가: 할아버지가 주무십니까?

나: 아니요, ______________________________.

❸ 

가: 선생님이 어디에 계십니까?

나: ______________________________.

❹ 

가: 할머니가 무엇을 만드십니까?

나: ______________________________.

❺ 

가: 아버지가 무슨 일을 하십니까?

나: ______________________________.

문법2 께서

1. 쓰십시오.

보기 어머니(가, 께서) 사과를 사십니다.

1) 할아버지(가, 께서) 공원에 가십니다.

2) 할머니(가, 께서) 말씀하십니다.

3) 동생(이, 께서) 문을 닫습니다.

4) 친구(가, 께서) 회사원입니다.

5) 김 선생님(이, 께서) 가르치십니까?

2. 그림을 보고 대화를 만드십시오.

보기

가: 아버지께서 청소하십니까?

나: 네, 아버지께서 청소하십니다.

①

가: 어머니께서 커피를 드십니까?

나: 네, ____________________.

②

가: 할머니께서 책을 읽으십니까?

나: 아니요, ____________________.

③

가: 선생님께서 무엇을 가르치십니까?

나: ____________________.

④

가: 누가 방에 있습니까?

나: ____________________.

⑤

가: 누가 말합니까?

나: ____________________.

12과 <2> 어머니께서 요리를 잘하세요

어휘

1. 알맞은 단어를 골라서 (   ) 안에 쓰십시오.

와   과자   뭐   이게   요리

1) 존 씨는 편의점에서 (   )을/를 샀어요.

2) 그것은 (   )이에요/예요?

3) (   ), 올리비아 씨 옷이 아주 예뻐요.

4) 레오 씨가 식당에서 (   )을/를 합니다.

5) (   ) 제 숙제 공책입니다.

문법1 -으세요/세요[1]

1. 문장을 바꿔 쓰십시오.

보기 칠판을 보십시오. → 칠판을 보세요.

1) 쉬십시오. → ______________________.

2) 창문을 닫으십시오. → ______________________.

3) 이 과자를 드십시오. → ______________________.

4) 말씀하십시오. → ______________________.

5) 사진을 찍지 마십시오. → ______________________.

2. 그림을 보고 대화를 만드십시오.

보기

가: 우리 집에 놀러 오세요.

나: 네, 언제 갈까요?

1

가: ______________________.

나: 네, 언제까지 할까요?

② 

가: 제가 여기에 앉을까요?

나: 네, ______________________.

③ 

가: 이 옷을 ______________________.

나: 글쎄요, 너무 비싸요.

④ 

가: 제가 무엇을 만들까요?

나: ______________________.

⑤ 

가: 제가 몇 시에 갈까요?

나: ______________________.

문법2 -으세요/세요²

1. 문장을 바꿔 쓰십시오.

보기 아버지께서 회사에 가십니다. → 아버지께서 회사에 가세요.

1) 어머니께서 바쁘십니다. → ______________________.

2) 할아버지께서 그림을 그리십니다. → ______________________.

3) 선생님께서 친절하십니다. → ______________________.

4) 할머니께서 주무십니까? → ______________________.

5) 올리비아 씨, 어디에 계십니까? → ______________________.

2. 그림을 보고 대화를 만드십시오.

보기

가: 어머니께서 사진을 자주 찍으세요?

나: 네, 사진을 자주 찍으세요.

1

가: 어머니께서 선생님이세요?

나: 아니요, ______________________________.

2

가: 할머니께서 언제 오세요?

나: ______________________________.

3

가: 아버지께서 무엇을 하세요?

나: ______________________________.

4

가: 할아버지께서 무엇을 잡수세요?

나: ______________________________.

5

가: 레오 씨, 무슨 책을 읽으세요?

나: ______________________________.

13과 <1> 짧은 치마를 살까요?

어휘

1. 알맞은 어휘를 골라서 (   ) 안에 쓰십시오.

더	만	원	치마	길다	짧다	얼마	그래요

1) 여자들이 (   ) 을/를 입어요.

2) 누가 노래를 (   ) 잘해요?

3) 날씨가 더워요. (   )은/ㄴ 바지를 입으세요.

4) 날씨가 추워요. (   )은/ㄴ 코트가 좋아요.

5) 가: 이 구두 (   )이에요/예요?

나: 칠(   ) (   )이에요/예요.

6) 가: 저는 한국말 공부가 쉽고 재미있어요.

나: (   )? 저는 한국말이 아주 어려워요.

문법1 **-은/ㄴ[1]**

1. 쓰십시오.

보기 큽니다 / 집에 살고 싶어요. → 큰 집에 살고 싶어요.

1) 좋습니다 / 식당을 알아요? → ____________________?

2) 친절합니다 / 사람이 좋아요. → ____________________.

3) 머리가 깁니다 / 친구가 마리아예요. → ____________________.

4) 싸고 예쁩니다 / 가방을 샀어요. → ____________________.

5) 복잡하지 않습니다 / 카페에 갑시다. → ____________________.

2. 그림을 보고 대화를 만드십시오.

보기 

가: 어떤 음악을 좋아해요?

나: 조용한 음악을 좋아해요.

① 

가: 어떤 사람을 좋아해요?

나: ____________________.

2 

가: 어떤 음식을 먹었어요?

나: ______________________________.

3 

가: 어떤 곳에 살고 싶어요?

나: ______________________________.

4 

가: 이것은 비싼 시계예요?

나: 아니요, ______________________________.

5 

가: 긴 치마를 사고 싶어요?

나: ______________________________.

문법2 보다

1. 쓰십시오.

보기 서울 / 제 고향 / 추워요.
→ 서울이 제 고향보다 추워요.

1) 미국 / 한국 / 커요.

→ ______________________________.

2) 교실 / 기숙사 방 / 깨끗해요.

→ ______________________________.

3) 저 / 동생 / 노래를 잘해요.

→ ______________________________.

4) 유키 씨 / 노라 씨 / 많이 자요.

→ ______________________________.

5) 시장 / 백화점 / 물건 값이 쌉니다.

→ ______________________________.

2. 그림을 보고 대화를 만드십시오.

보기

가: 누가 공부를 더 잘해요?

나: 주앙 씨가 리타오 씨보다 공부를 잘해요.

①

200,000원 30,000원

가: 무엇이 더 비싸요?

나: ________ 이/가 ________ 보다 ________.

②

가: 어디가 더 조용해요?

나: ________ 이/가 ________ 보다 ________.

③

가: 노라 씨가 무슨 운동을 좋아해요?

나: ________ 보다 ________ 을/를 ________.

④

가: 누가 열심히 공부해요?

나: ________________________________.

⑤

가: 주앙 씨가 무슨 음식을 잘 먹어요?

나: ________________________________.

13과 <2> 여자들이 제일 좋아하는 꽃이 뭐예요?

어휘

1. 알맞은 단어를 골라서 (　　) 안에 쓰십시오.

들	찾다	제일	송이	스물	장미	어서 오세요

1) 연필 (　　　　　) 자루 주세요.

2) 꽃집에서 (　　　　　)을/를 샀어요.

3) 우리 집에서 (　　　　　) 키가 큰 사람이 오빠예요.

4) 이 꽃 한 (　　　　　)에 얼마예요?

5) 저는 한국 친구가 많아요. 한국 친구(　　　　　)이/가 친절해요.

6) 가: (　　　　　　　　　　). 뭘 (　　　　　)으세요/세요?

　 나: 예쁜 티셔츠 있어요?

문법1 -는

1. 쓰십시오.

보기 제가 좋아합니다 / 사람이 하늘 씨예요.
→ 제가 좋아하는 사람이 하늘 씨예요.

1) 날마다 합니다 / 일이 뭐예요? → ＿＿＿＿＿＿＿＿＿＿?

2) 지금 읽습니다 / 책이 어려워요. → ＿＿＿＿＿＿＿＿＿＿.

3) 한국말을 배웁니다 / 학생이 많아요. → ＿＿＿＿＿＿＿＿＿＿.

4) 요리를 잘합니다 / 사람을 좋아해요. → ＿＿＿＿＿＿＿＿＿＿.

5) 제가 먹지 않습니다 / 음식이 김치예요. → ＿＿＿＿＿＿＿＿＿＿.

2. 그림을 보고 대화를 만드십시오.

보기 

가: 레오 씨가 만드는 음식이 뭐예요?

나: 레오 씨가 만드는 음식이 피자예요.

① 

가: 책을 읽는 사람이 누구예요?

나: ＿＿＿＿＿＿＿＿＿＿.

2 

가: 자주 마시는 차가 뭐예요?

나: ____________________________________.

3 

가: 누가 유키 씨예요?

나: ________________는 사람이 유키 씨예요.

4 

가: 어떤 가수를 좋아하세요?

나: ________________는 가수를 좋아해요.

5 

가: 어떤 사람을 찾으세요?

나: ____________________________________.

문법2 에²

1. 쓰십시오.

> 보기 바나나 / 한 송이 / 육천 원이에요.
> → 바나나가 한 송이에 육천 원이에요.

1) 치킨 / 한 마리 / 얼마예요?

→ ____________________________________?

2) 사과 / 세 개 / 5,000원이에요.

→ ____________________________________.

3) 장미 / 한 송이 / 2,000원이에요.

→ ____________________________________.

4) 잡지 / 한 권 / 만 오천 원이에요.

→ ____________________________________.

5) 볼펜 / 다섯 자루 / 칠천 원입니다.

→ ____________________________________.

2. 그림을 보고 대화를 만드십시오.

보기

가: 이 피자가 얼마예요?

나: 한 판에 22,000원이에요.

1

12,000원

가: 사과가 얼마예요?

나: ______________ 에 ______________________.

2

2,500원

가: 이 공책이 얼마예요?

나: ______________ 에 ______________________.

3

가: 지우개가 얼마예요?

나: ______________ 에 ______________________.

4

3,000원

가: 이 꽃이 얼마예요?

나: ______________________________________.

5

45,000원

가: 저 티셔츠가 얼마예요?

나: ______________________________________.

<1> 모두 같이 먹을 케이크를 샀어요

어휘

1. 알맞은 단어를 골라서 (   ) 안에 쓰십시오.

선물하다	이따가	선물	화장품	모두	케이크

1) 생일에 (   )을/를 많이 받았어요.
2) 할머니께서 무슨 (   )을/를 드세요?
3) 친구들이 (   ) 고향에 가서 심심해요.
4) 요즘은 남자들도 (   )을/를 사러 와요.
5) 동생 생일에 시디를 (   )을/ㄹ 거예요.
6) 아르바이트를 하고 (   ) 다섯 시에 만납시다.

문법1 에게(한테/께)

1. 쓰십시오.

보기 친구 / 선물을 줍니다. → 친구에게 선물을 줍니다.

1) 동생 / 책을 줍니다.

→ ____.

2) 오빠 / 이메일을 보낼 거예요.

→ ____.

3) 선생님 / 인사드립니다.

→ ____.

4) 누나 / 액세서리를 선물했어요.

→ ____.

5) 할아버지 / 전화드리고 싶어요.

→ ____.

2. 그림을 보고 대화를 만드십시오.

보기

가: 학생이 선생님께 무엇을 드렸어요?

나: 학생이 선생님께 책을 드렸어요.

1 

가: 노라 씨가 존 씨에게 무엇을 선물해요?

나: ________________________________.

2 

가: 레오 씨가 무엇을 해요?

나: ________________________________.

3 

가: 에릭 씨가 누구에게 영어를 가르쳐요?

나: ________________________________.

4 

가: 유키 씨가 누구에게 화장품을 보냈어요?

나: ________________________________.

5 

가: 흐엉 씨가 할머니께 무엇을 드릴 거예요?

나: ________________________________.

문법2 -을/ㄹ

1. 쓰십시오.

> 보기 내일 만날 거예요. / 사람이 고향 친구예요. → 내일 만날 사람이 고향 친구예요.

1) 이것은 내일 입을 거예요 / 옷이에요.

→ ________________________________.

2) 친구에게 줄 거예요 / 선물을 샀어요.

→ ________________________________.

3) 저녁에 먹을 거예요 / 불고기를 만들 거예요.

→ ________________________________.

4) 생일에 집에 올 거예요 / 친구는 다섯 명이에요.

→ ________________________________.

5) 지하철 안에서 읽을 거예요 / 잡지를 샀어요.

→ ________________________________.

2. 그림을 보고 대화를 만드십시오.

보기

가: 무슨 책이에요?

나: 내일 공부할 책이에요.

1

가: 그게 뭐예요?

나: 저녁에 ______________ 을/ㄹ 맥주예요.

2

가: 무엇을 해요?

나: 이번 주말에 ______________ 을/ㄹ 영화표를 예매했어요.

3

가: 왜 지도를 봐요?

나: 친구하고 같이 ______________ 을/ㄹ 곳을 찾아요.

4

가: 뭘 샀어요?

나: ______________ 을/ㄹ ______________ 을/를 샀어요.

5

가: 뭘 살 거예요?

나: ____.

14과 <2> 이건 우리가 준비한 생일 케이크예요

어휘

1. 알맞은 단어를 골라서 (   ) 안에 쓰십시오.

축하하다	준비하다	초콜릿	고르다	정말

1) (   )을/를 많이 먹지 마세요.

2) 생일을 (   )어요/아요/여요.

3) 저는 좋은 과일을 (   )지 못해요.

4) 부모님께서 한국에 오셔서 (   ) 좋아요.

5) 우리 집에 친구들이 오는데 무슨 음식을 (   )을까요/ㄹ까요?

문법1 -은/ㄴ[2]

1. 쓰십시오.

> 보기 어제 만났습니다 / 친구는 미국 사람이에요.
> → 어제 만난 친구는 미국 사람이에요.

1) 지난주에 갔습니다 / 설악산은 아름다웠어요.

→ ______________________________.

2) 지난달에 학교에서 배웠습니다 / 노래가 재미있었어요.

→ ______________________________.

3) 긴 코트를 입었습니다 / 사람이 누구예요?

→ ______________________________.

4) 이 그림은 제가 그렸습니다 / 그림이에요.

→ ______________________________.

5) 이 책은 어제 읽었습니다 / 책이에요.

→ ______________________________.

2. 그림을 보고 대화를 만드십시오.

보기

가: 이건 무슨 사진이에요?

나: 고향에서 친구하고 찍은 사진이에요.

1 

가: 가방을 샀어요?

나: 아니요, 언니가 ____________ 은/ㄴ 가방이에요.

2 

가: 노래방에서 누가 노래를 불렀어요?

나: 노래방에서 ____________ 은/ㄴ 사람은 노라 씨예요.

3 

가: 오늘 어디에서 커피를 마실까요?

나: 어제 __________ 은/ㄴ __________ 에서 커피를 마십시다.

4 

가: 아침에 __________ 은/ㄴ __________ 이/가 어땠어요?

나: 맛있었어요.

5 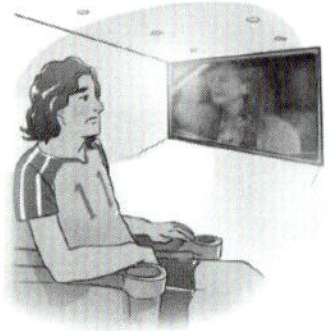

가: 지난 주말에 ______________________________ ?

나: 그 영화가 재미없었어요.

문법2 르동사

1. 쓰십시오.

보기 예쁜 옷을 골랐어요.~~었어요/았어요/였어요~~.(고르다)

1) 한국 음식과 중국 음식은 __________ 어요/아요/여요.(다르다)

2) 냉면이 길어서 __________ 었어요/았어요/였어요.(자르다)

3) 어제 사람들 앞에서 노래를 __________ 었어요/았어요/였어요.(부르다)

4) 비행기가 __________ 어서/아서/여서 비행기를 타고 가요.(빠르다)

5) 친구 집을 __________ 어서/아서/여서 가지 못해요.(모르다)

2. 그림을 보고 대화를 만드십시오.

보기

가: 운동화가 예뻐요.

나: 제가 골랐어요.~~었어요/았어요/였어요.~~

1

가: 누가 노래를 부릅니까?

나: ____________________ 어요/아요/여요.

2

가: 무엇이 다릅니까?

나: ____________________ 어요/아요/여요.

3

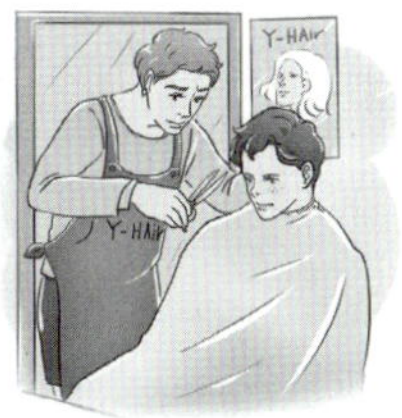

가: 머리가 예뻐요.

나: ____________________ 었어요/았어요/였어요.

4

가: 주앙 씨가 빠릅니까? 존 씨가 빠릅니까?

나: ____________________ 어요/아요/여요.

5

가: 왜 말을 안 해요?

나: ____________________ 어서/아서/여서 ____________________.

15과 <1> 전화번호 좀 가르쳐 주세요

어휘

1. 알맞은 단어를 골라서 쓰십시오.

전화번호 좀 잠깐만요

1) 저는 우리 선생님 ( )을/를 모릅니다.

2) 김치가 너무 매워요. 물 ( ) 주십시오.

3) 가: 빨리 갑시다.

나: ( ). 좀 기다려 주세요.

문법1 -지요?

1. 쓰십시오.

보기 한국말이 재미있습니까?
→ 한국말이 재미있지요?

1) 옷이 예뻐요?

→ ____________________?

2) 날씨가 추워요?

→ ____________________?

3) 오늘이 월요일입니까?

→ ____________________?

4) 한국말을 잘 해요?

→ ____________________?

5) 중국에서 왔습니까?

→ ____________________?

2. 그림을 보고 대화를 만드십시오.

보기

가: 윤아 씨가 장미를 좋아하지요?

나: 네, 좋아해요.

1

가: ______________________________?

나: 네, 친구가 많아요.

2

가: ______________________________?

나: 네, 매워요.

3

가: ______________________________?

나: 네, 기숙사에 살아요.

4

가: ______________________________?

나: 네, 재미없어요.

5

가: ______________________________?

나: 네, 6월 13일입니다.

문법2 -어/아/여 주다

1. 쓰십시오.

보기 조금 기다립니다. → 조금 기다려 주십시오.

1) 문을 닫습니다.

→ ______________________________.

2) 칠판에 씁니다.

→ ______________________________.

3) 사진을 찍습니다.

→ ______________________________.

4) 한국어를 가르칩니다.

→ ______________________________.

5) 한국음식을 만듭니다.

→ ______________________________.

2. 대화를 만드십시오.

보기 **가**: 덥지요?
나: 네, 더워요. 창문을 열어 주세요. (열다)

1) **가**: 일이 많지요?
나: 네, 너무 많아요. 좀 ______________어/아/여 주세요. (돕다)

2) **가**: 무슨 꽃을 사 줄까요?
나: 저는 장미를 좋아해요.
장미를 ______________어/아/여 주세요. (사다)

3) **가**: 지금 바빠요?
나: 네, 지금은 바쁘니까 이따가 ______________어/아/여 주세요. (전화하다)

4) **가**: 무엇을 만들어 줄까요?
나: 저는 매운 음식을 좋아하니까 ______________________어/아/여 주세요. (만들다)

5) **가**: 중국말을 알아요?
나: 아니요, 모릅니다. ______________어/아/여 주세요. (가르치다)

15과 <2> 유키 씨에게서 전화를 받았어요?

어휘

1. 알맞은 단어를 골라서 (   ) 안에 쓰십시오.

여보세요　　전화를 받다　　파티　　이야기

1) 아버지, 전화 왔어요. (   )으세요/세요.

2) 우리 나라에서는 크리스마스에 큰 (   )을/를 해요.

3) 저는 노라 씨한테서 노라 씨 고향 (   )을/를 많이 들었어요.

4) 가: (   )? 윤아 씨 집이지요?

나: 네, 누구세요?

문법 1

에게서(한테서)

1. 쓰십시오.

보기 친구 / 전화가 왔습니다. → 친구에게서 전화가 왔습니다.

1) 하늘 씨 / 책을 빌릴 거예요.

→ ______________________________.

2) 여자친구 / 선물을 받았습니다.

→ ______________________________.

3) 오빠 / 문자메시지를 받았어요.

→ ______________________________.

4) 김 선생님 / 한국말을 배웁니다.

→ ______________________________.

5) 누구 / 이야기를 들었어요?

→ ______________________________.

2. **대화를 만드십시오.**

보기 **가:** 누구한테서 선물을 받았습니까? (할머니)
나: 할머니한테서 선물을 받았습니다.

1) **가:** 누구에게서 돈을 빌릴 거예요? (윤아 씨)

나: ______________________.

2) **가:** 누구한테서 연락이 왔습니까? (친구들)

나: ______________________.

3) **가:** 누구에게서 문자메시지를 받았습니까? (형)

나: ______________________.

4) **가:** 스키를 배웠어요? (아버지)

나: ______________________.

5) **가:** 그 이야기를 들었습니까? (누나)

나: 네, ______________________.

문법2 -을/ㄹ 수 있다(없다)

1. **쓰십시오.**

보기 한국말을 해요. → 한국말을 할 수 있어요. / 한국말을 할 수 없어요.

1) 자전거를 타요.

→ ____________ / ____________.

2) 김치를 만들어요.

→ ____________ / ____________.

3) 한국 신문을 읽습니다.

→ ____________ / ____________.

4) 생일 파티에 갑니다.

→ ____________ / ____________.

5) 지금 전화를 받습니까?

→ ____________ / ____________.

2. 대화를 만드십시오.

보기 가: 운전을 할 수 있어요?
나: 네, 운전을 할 수 있어요.

1) 가: 테니스를 칠 수 있어요?
나: 네, ______________________________.

2) 가: 길을 잘 찾을 수 있어요?
나: 네, ______________________________.

3) 가: 오후에 친구들과 같이 농구할 수 있어요?
나: 아니요, 숙제가 많아서 ______________________________.

4) 가: 내일 같이 점심을 먹을 수 있어요?
나: 아니요, ______________________________. 내일은 약속이 있어요.

5) 가: 언제 만날 수 있습니까?
나: ______________________________.

16과 <1> 명동까지 택시로 얼마나 걸려요?

어휘

1. 알맞은 단어를 골라서 (　　) 안에 쓰십시오.

얼마나　　쯤　　택시　　가깝다　　걸리다

1) 저는 어제 6시간(　　　　　) 잤어요.

2) 바쁜 사람들은 (　　　　　)을/를 자주 탑니다.

3) 한국에서 일본까지 시간이 (　　　　　) 걸립니까?

4) 우리 집은 학교에서 (　　　　　)지만 친구 집은 멀어요.

5) 서울에서 부산까지 기차로 3시간 (　　　　　)어요/아요/여요.

문법1 으로/로[1]

1. 맞는 것을 고르십시오.

보기 버스(으로/로) 30분쯤 걸립니다.

1) 젓가락(으로/로) 자장면을 먹어요.
2) 한국말(으로/로) 이야기하세요.
3) 우유(으로/로) 치즈를 만듭니다.
4) 볼펜(으로/로) 편지를 쓰세요.
5) 비행기(으로/로) 얼마나 걸렸어요?

2. 그림을 보고 대화를 만드십시오.

보기

가: 기차로 2시간쯤 걸려요?

나: 네, 기차로 2시간쯤 걸려요.

1

가: 병원을 전화로 예약했어요?

나: 네, ______________________________.

2 

가: 이 음식을 젓가락으로 먹을까요?

나: 네, ______________________________.

3 

가: 영화관에서 영화를 봤어요?

나: 아니요, ______________________________.

4 

가: 무엇을 타고 학교에 가요?

나: ______________________________.

5 

가: 이 주스는 무엇으로 만들었어요?

나: ______________________________.

문법2 에서 까지

1. 한 문장으로 만드십시오.

보기 집 / 학교 / 10분 걸려요. → 집에서 학교까지 10분 걸려요.

1) 부산 / 제주도 / 배로 갔어요. → ______________________________.

2) 기숙사 / 학생식당 / 가까워요. → ______________________________.

3) 여기 / 저기 / 걸어서 갑시다. → ______________________________.

4) 8층 / 10층 / 식당이에요. → ______________________________.

5) 서울 / 뉴욕 / 얼마나 걸립니까? → ______________________________?

2. 그림을 보고 대화를 만드십시오.

보기

가: 여기에서 학교까지 얼마나 걸려요?

나: 여기에서 학교까지 40분 걸려요.

❶

가: 집에서 회사까지 버스로 가요?

나: 네, ______________________.

❷

가: 서울에서 부산까지 기차로 갔어요?

나: 아니요, ______________________.

❸

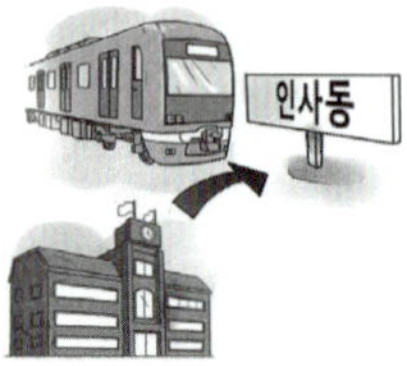

가: 학교에서 인사동까지 어떻게 갈까요?

나: ______________________.

❹

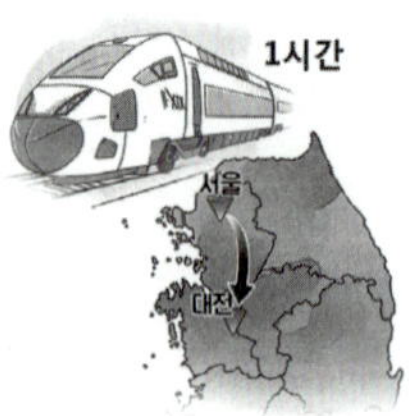

가: 서울에서 대전까지 얼마나 걸려요?

나: ______________________.

❺

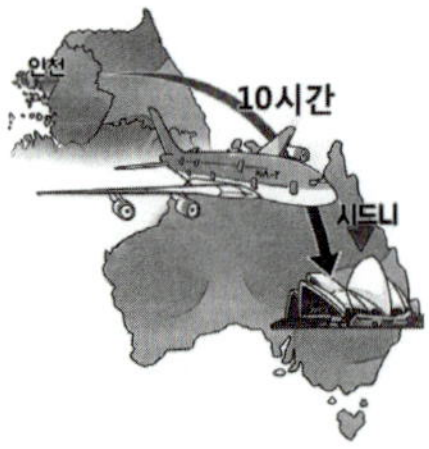

가: ______________________.

나: ______________________.

16과 <2> 지하철은 몇 분마다 와요?

어휘

1. 알맞은 단어를 골라서 (　　) 안에 쓰십시오.

코엑스　　어떻게　　호선　　삼성역　　내리다

1) (　　　　　　　)에서 지하철을 타고 신촌에 갔어요.

2) 저는 버스에서 (　　　　　　　)었어요/았어요/였어요.

3) 불고기를 (　　　　　　　) 만듭니까? 좀 가르쳐 주세요.

4) 명동에 가고 싶어요. 몇 (　　　　　　　)을/를 타야 합니까?

5) 윤아 씨는 (　　　　　　　)에서 점심을 먹고 여기저기 구경했어요.

문법 1 -어야/아야/여야 하다

1. 문장을 바꿔 쓰십시오.

보기 일찍 잡니다. → 일찍 자야 합니다.

1) 약속을 지킵니다. → ________________.

2) 영화표를 예매합니다. → ________________.

3) 사무실에서 학생증을 받습니다. → ________________.

4) 오늘 무엇을 합니까? → ________________?

5) 학교에 몇 시까지 갑니까? → ________________?

2. 그림을 보고 대화를 만드십시오.

보기

가: 휴대전화를 꺼야 합니까?

나: 네, 휴대전화를 꺼야 합니다.

1 가: 한국말로 이름을 써야 해요?

나: 네, ______________________.

2 가: 한국말이 어렵지요?

나: 네, 그래서 ______________________.

3 가: 숙제를 언제까지 해야 해요?

나: ______________________.

4 가: 오후에 뭘 해야 해요?

나: ______________________.

5 가: ______________________.

나: 10분쯤 기다려야 해요.

문법2 마다

1. 한 문장으로 만드십시오.

보기 10분 / 버스가 옵니다. → 10분마다 버스가 옵니다.

1) 한 시간 / 쉬어요. → ______________________.

2) 아침 / 신문을 읽어요. → ______________________.

3) 주말 / 아르바이트해요. → ______________________.

4) 일요일 / 무엇을 해요? → ______________________?

5) 몇 분 / 지하철이 옵니까? → ______________________?

2. 그림을 보고 대화를 만드십시오.

보기

가: 날마다 운동을 해요?

나: 네, 날마다 운동을 해요.

❶

가: 아침마다 샤워해요?

나: 네, ______________________.

❷

수	목	금	토
		1 영화관	2
6	7	8 영화관	9
13	14	15 영화관	16
	21	22	23

가: 자주 영화를 봐요?

나: 네, ______________________.

❸

수	목	금	토
		1	2 도서관
	7	8	9 도서관
	14	15	16 도서관

가: 날마다 도서관에 가요?

나: 아니요, ______________________.

❹

고속버스시간표 (서울➡강릉행)
09:00
09:15
09:30
09:45
10:00
10:15
10:30

가: 이 버스는 몇 분마다 와요?

나: ______________________.

❺

일	월	화	수
3 체육관	4	5	6
10 체육관	11	12	13

가: 일요일마다 어디에 가요?

나: ______________________.

<1> 사거리에서 오른쪽으로 가세요

어휘

1. 알맞은 단어를 골라서 (   ) 안에 쓰십시오.

저　약국　미터　오른쪽　사거리　실례지만

1) 머리가 아파서 (   )에 갔어요.

2) (   )에서 (   )으로/로 가면 꽃집이 있어요.

3) 여기에서 50(   )쯤 가면 편의점이 있어요.

4) (   ) 이름이 뭐예요?

5) (   ), 지우개 좀 빌려 주세요.

문법1 -으면/면

1. 연결하고 한 문장으로 쓰십시오.

보기	똑바로 갑니다	창문을 여세요.
1)	피곤합니다	우체국이 있어요.
2)	덥습니다	더 빨라요.
3)	오늘 바쁩니다	일찍 주무세요.
4)	지하철을 탑니다	내일 만납시다.
5)	매운 음식을 먹습니다	배가 아파요.

보기 똑바로 가면 우체국이 있어요.

1) ____.

2) ____.

3) ____.

4) ____.

5) ____.

2. 대화를 만드십시오.

보기 가: 편의점이 어디에 있어요?
나: 지하 1층으로 가면~~으면/면~~ 편의점이 있어요.

1) 가: 서점이 어디에 있어요?
   나: ______________________ 으면/면 ______________________.

2) 가: 실례지만 이 근처에 은행이 있어요?
   나: 네, ______________________ 으면/면 ______________________.

3) 가: 내일 날씨가 좋으면 뭘 할 거예요?
   나: ______________________ 으면/면 ______________________.

4) 가: 시험을 잘 보고 싶어요.
   나: ______________________ 으면/면 ______________________.

5) 가: 교실이 추워요.
   나: ______________________ 으면/면 ______________________.

문법2 으로/로[2]

1. 한 문장으로 만드십시오.

보기 오른쪽 / 가세요. → 오른쪽으로 가세요.

1) 어디 / 갈까요? → ______________________?
2) 이쪽 / 오십시오. → ______________________.
3) 3층 / 갑시다. → ______________________.
4) 신촌 / 가 주세요. → ______________________.
5) 잠실 / 가는 버스를 타세요. → ______________________.

2. 그림을 보고 대화를 만드십시오.

보기

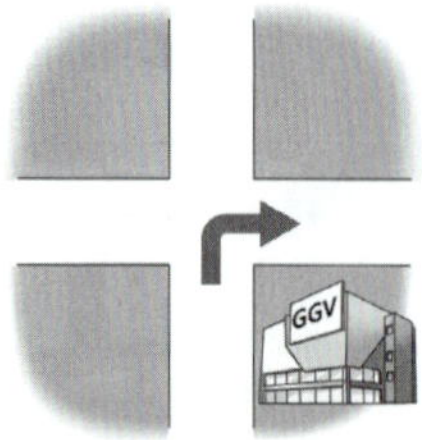

가: 영화관이 어디에 있어요?

나: <u>오른쪽으로 가세요.</u>

❶

가: 선생님, 2층으로 갈까요?

나: 네, ______________________________.

❷

가: 식당이 어디에 있어요?

나: ______________________________.

❸

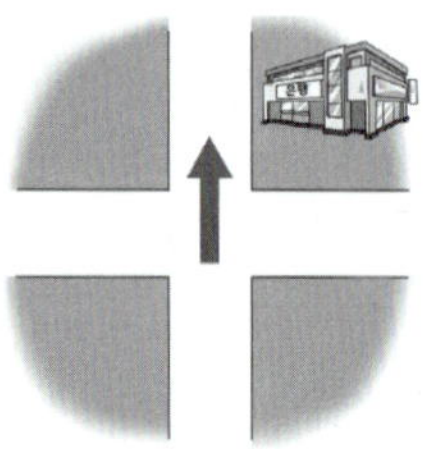

가: 은행이 어디에 있어요?

나: ______________________________.

❹

가: 어디로 갈까요?

나: ______________________________.

❺

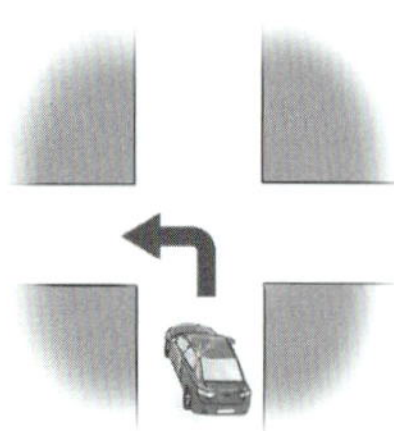

가: 어느 쪽으로 갈까요?

나: ______________________________.

17과 <2> 횡단보도를 건너서 왼쪽으로 오세요

어휘

1. 알맞은 단어를 골라 (　　) 안에 쓰십시오.

거기　보이다　건너편　건너다　횡단보도

1) (　　　　　)을/를 (　　　　　)으세요/세요.
2) 우리 집에서 한강이 (　　　　　) 어요/여요/아요.
3) 학교 (　　　　　)에 공원이 있어요.
4) 여기에서 (　　　　　)까지 시간이 얼마나 걸려요?

문법1 -요?

1. 쓰십시오.

보기 시험 → 시험요?

1) 여기 → ______________________?
2) 열 개 → ______________________?
3) 도서관 → ______________________?
4) 목요일 → ______________________?
5) 고속버스 → ______________________?

2. 대화를 만드십시오.

보기 **가:** 코미디 영화를 보고 싶어요.
나: 코미디 영화요?

1) **가:** 저는 영화배우예요.
나: ______________________?
2) **가:** 저쪽으로 가세요.
나: ______________________?
3) **가:** 이 근처에 피시방이 있어요?
나: ______________________?
4) **가:** 다음 주 금요일에 만나요.
나: ______________________?
5) **가:** 생일 선물로 자전거를 받았어요.
나: ______________________?

문법2 -어서/아서/여서[2]

1. 연결하고 한 문장으로 쓰십시오.

보기	길을 건넙니다	●	지하도로 내려가세요.
1)	버스에서 내립니다	●	오른쪽으로 가세요.
2)	의자에 앉습니다	●	책을 읽어요.
3)	아침에 일어납니다	●	세수를 해요.
4)	일본에 갔습니다	●	친구에게 보냈어요.
5)	카드를 썼습니다	●	맛있는 초밥을 먹었어요.

보기 길을 건너서 오른쪽으로 가세요.

1) ______________________________.

2) ______________________________.

3) ______________________________.

4) ______________________________.

5) ______________________________.

2-1. 그림을 보고 대화를 만드십시오.

보기

가: 은행에 가서 뭘 했어요?

나: 은행에 가서~~어서/아서/여서~~ 돈을 찾았어요.

①

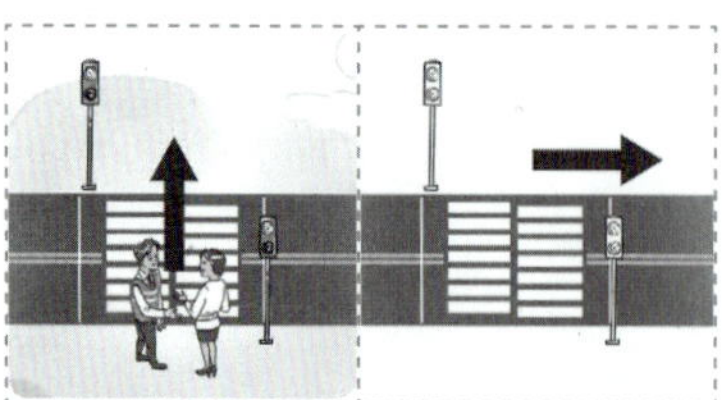

가: 횡단보도를 건너서 어느 쪽으로 가요?

나: __________ 어서/아서/여서 __________.

②

가: 지하도로 내려가서 몇 번 출구로 나가요?

나: __________ 어서/아서/여서 __________.

③ 

가: 남자친구를 만나서 뭘 할 거예요?

나: ____________ 어서/아서/여서 ____________.

④ 

가: 아침에 일어나서 뭘 해요?

나: ____________ 어서/아서/여서 ____________.

⑤ 

가: 꽃을 사서 누구에게 줄 거예요?

나: ____________ 어서/아서/여서 ____________.

2-2. 맞는 것을 고르십시오.

오늘은 여자 친구와 데이트를 했어요. 우리는 신촌역에서 보기 (만나서, 만나고) 남산에 갔어요. 여자 친구는 제가 생일 선물로 준 옷을 **1)** (입어서, 입고) 왔어요. 우리는 남산까지 버스를 **2)** (타서, 타고) 갔어요. 버스에는 사람이 많았어요. 저는 **3)** (서서, 서고) 갔고 여자친구는 **4)** (앉아서, 앉고) 갔어요.

우리는 버스에서 **5)** (내려서, 내리고) 길을 건넜어요. 길을 **6)** (건너서, 건너고) 케이블카 타는 곳으로 갔어요. 케이블카에서 **7)** (내려서, 내리고) 엔(N) 서울타워까지 **8)** (걸어서, 걷고) 갔어요. 엔(N) 서울타워에서 서울 시내를 **9)** (봐서, 보고) 점심을 먹었어요.

점심을 **10)** (먹어서, 먹고) 커피도 마셨어요. 엔(N) 서울타워에는 선물 가게도 있었어요. 선물 가게에 **11)** (가서, 가고) 구경을 했어요. 예쁜 물건이 많았어요. 저는 인형을 **12)** (사서, 사고) 여자 친구에게 주었어요. 여자 친구는 그 인형을 좋아했어요.

18과 <1> 비가 오는군요

어휘

1. 알맞은 어휘를 골라서 (　　　) 안에 쓰십시오.

비가 오다　　일기예보　　가지고 오다　　우산을 쓰다

1) 오늘 아침에 (　　　　　　　　　)을/를 들었어요?

2) 비가 조금 오는데 (　　　　　　　　　)을/ㄹ까요?

3) (　　　　　　　　　)어서/아서/여서 밖에 나가지 않았어요.

4) 제가 교과서를 안 (　　　　　　　　　)었으니까/았으니까/였으니까 같이 봅시다.

문법1 **-는군요/군요**

1. 쓰십시오.

보기 친구가 많습니다. → 친구가 많군요.

1) 한국말을 잘 합니다. → ______________________.

2) 방이 깨끗합니다. → ______________________.

3) 드라마가 재미있다. → ______________________.

4) 책을 많이 읽습니다. → ______________________.

5) 시험을 잘 봤습니다. → ______________________.

2. 그림을 보고 대화를 만드십시오.

보기

가: 여기가 우리 집이에요.

나: 집이 예쁘군요.

①

가: 제가 만든 피자예요.

나: ______________________.

2 

가: 수업이 끝나고 날마다 도서관에 가요.

나: ______________________________.

3 

가: 쓰기 시험을 100점 받았어요.

나: ______________________________.

4 

가: 지하철이 와요.

나: ______________________________.

5 

가: 저기에서 표를 삽시다.

나: ______________________________.

문법2 -을/ㄹ 것 같다

1. 쓰십시오.

보기 옷이 작습니다.	→ 옷이 작을 것 같아요.

1) 파티가 재미없습니다. → ______________________________.

2) 존 씨가 노래를 잘합니다. → ______________________________.

3) 언니가 이 선물을 좋아합니다. → ______________________________.

4) 제주도가 덥습니다. → ______________________________.

5) 케이크가 너무 답니다. → ______________________________.

2. 그림을 보고 대화를 만드십시오.

보기

가: 리타오 씨가 무엇을 할 것 같아요?

나: 은행에 갈 것 같아요.

1

가: 에릭 씨가 바쁠 것 같아요?

나: ______________________.

2

가: 레오 씨가 지금 샤워할 것 같아요?

나: 아니요, ______________________.

3

가: 노라 씨가 무엇을 마실 것 같아요?

나: ______________________.

4

가: 유키 씨가 무엇을 할 것 같아요?

나: ______________________.

5

가: 액세서리가 예쁘지요?

나: 네, 그런데 ______________________.

18과 <2> 벚꽃을 구경하면서 천천히 걸읍시다

어휘

1. 알맞은 단어를 골라 (　　) 안에 쓰십시오.

봄　　소풍을 가다　　벚꽃　　피다

1) 김밥을 준비해서 (　　　　　　　　)을까요/ㄹ까요?

2) 보통 4월에 꽃이 (　　　　　　　　)어요/아요/여요.

3) 저는 날씨가 따뜻한 (　　　　　　　　)을/를 좋아해요.

4) 지금 여기저기에서 (　　　　　　　　)을/를 많이 볼 수 있어요.

문법1 -는/은/ㄴ 것 같다

1. 쓰십시오.

보기 일찍 일어났습니다. → 일찍 일어난 것 같습니다.

1) 주앙 씨가 지금 이메일을 보냅니다.

→ ____________________.

2) 유키 씨가 어제 숙제를 하지 않았습니다.

→ ____________________.

3) 오늘이 어제보다 더 쌀쌀합니다.

→ ____________________.

4) 마이클 씨가 미국 사람입니다.

→ ____________________.

5) 하늘 씨는 여자 친구가 있습니다.

→ ____________________.

2. 그림을 보고 대화를 만드십시오.

보기

가: 올리비아 씨가 무슨 음식을 좋아하는 것 같아요?

나: 떡볶이를 좋아하는 것 같아요.

①

가: 노라 씨가 어디에 가는 것 같아요?

나: ____________________.

②

가: 존 씨가 무엇을 하는 것 같아요?

나: ____________________.

③

가: 주앙 씨가 누구하고 전화하는 것 같아요?

나: ____________________.

④

가: 흐엉 씨가 선물을 많이 받았군요.

나: ____________________.

⑤

가: 유키 씨 집이 가까워요?

나: ____________________.

문법2 -으면서/면서

1. 쓰십시오.

보기 밥을 먹습니다 / 신문을 읽어요. → 밥을 먹으면서 신문을 읽어요.

1) 웃습니다 / 인사를 합니다. → ____________________.

2) 노래를 부릅니다 / 샤워해요. → ____________________.

3) 휴대전화를 봅니다 / 걷지 마세요. → ____________________.

4) 음악을 듣습니다 / 요리를 합니다. → ____________________.

5) 케이크를 만듭니다 / 이야기를 해요. → ____________________.

2. 그림을 보고 대화를 만드십시오.

보기

가: 흐엉 씨가 뭘 해요?

나: 커피를 마시면서 영화를 봐요.

1

가: 리타오 씨가 뭘 해요?

나: ______________________________.

2

가: 하늘 씨가 뭘 해요?

나: ______________________________.

3

가: 레오 씨가 뭘 해요?

나: ______________________________.

4

가: 어제 뭘 하면서 친구를 기다렸어요?

나: ______________________________.

5

가: 우리 뭘 할까요?

나: ______________________________.

19과 <1> 토요일에 전주에 가려고 해요

어휘

1. 알맞은 단어를 골라서 (　　　) 안에 쓰십시오.

전주　　아직　　민박하다　　민박집

1) 제가 싸고 좋은 (　　　　　　　　)을/를 가르쳐 드릴까요?

2) (　　　　　　　　)으면/면 한국 사람들 생활을 잘 알 수 있습니다.

3) 방학에 (　　　　　　　　)에 사는 친구 집에 놀러 갈 거예요.

4) 수업이 (　　　　　　　　) 끝나지 않았으니까 이따가 다시 전화해 주세요.

문법1 -으려고/려고 하다

1. 쓰십시오.

보기 주말에 친구를 만납니다. → 주말에 친구를 만나려고 합니다.

1) 한국친구와 많이 이야기합니다. → ______________________.

2) 금요일 저녁에 파티를 해요. → ______________________.

3) 여행을 가서 사진을 많이 찍어요. → ______________________.

4) 한국말을 배워서 한국대학교에 갑니다. → ______________________.

5) 오늘부터 게임을 하지 않습니다. → ______________________.

2. 그림을 보고 대화를 만드십시오.

보기

가: 방학에 무엇을 하려고 해요?

나: 책을 많이 읽으려고 해요.

①

가: 토요일에 어디에 갈 거예요?

나: ______________________.

2 

가: 수업이 끝나고 무엇을 하려고 해요?

나: ______________________________.

3 

가: 다음 주에 시험이 있지요?

나: 네, 그래서 ______________________________.

4 

가: 제주도에 가면 어디에서 잘 거예요?

나: ______________________________.

5 

가: 오늘 할 일이 많아요?

나: 네, 그래서 친구를 ______________________________.

문법2 -는 게 어때요?

1. 쓰십시오.

보기 잠깐 쉽니다. → 잠깐 쉬는 게 어때요?

1) 한국말로 말합니다. → ______________________________?

2) 저 의자에 앉습니다. → ______________________________?

3) 기차를 탑니다. → ______________________________?

4) 고향 음식을 만들어요. → ______________________________?

5) 지하철역까지 걸어서 가요. → ______________________________?

2. 그림을 보고 대화를 만드십시오.

보기

가: 주말에 여행을 가고 싶어요.

나: 가까운 춘천에 가는 게 어때요?

❶

가: 버스를 탈까요? 지하철을 탈까요?

나: ______________________________?

❷

가: 토요일에 만날까요? 일요일에 만날까요?

나: ______________________________?

❸

가: 호텔은 너무 비싸요.

나: 그럼 ______________________________?

❹

가: 김치 우동은 좀 매울 것 같아요.

나: 그럼 ______________________________?

❺

가: 어디에서 공부할까요?

나: ______________________________?

19과 <2> 여행 갈 준비를 하고 있어요

어휘

1. 알맞은 단어를 골라서 (   ) 안에 쓰십시오.

떠나다   다   싸다[2]   모자

1) 어머니, 이 많은 음식을 혼자 (   ) 만드셨어요?

2) 너무 추워서 코트와 (   ) 을/를 사러 백화점에 가요.

3) 날씨가 추우니까 따뜻한 나라로 여행을 (   )는 게 어때요?

4) 친구들에게 줄 선물을 산 후에 여행 가방을 (   )으려고/려고 해요.

문법1 -고 있다

1. 쓰십시오.

보기 신문을 봅니다 → 신문을 보고 있어요.

1) 학교에 갑니다. → ______________________.

2) 음악을 듣습니다. → ______________________.

3) 풍선을 붑니다. → ______________________.

4) 기숙사에서 잡니다. → ______________________.

5) 산에서 친구들하고 단풍 구경을 합니다. → ______________________.

2. 그림을 보고 대화를 만드십시오.

보기

가: 올리비아 씨, 무엇을 하고 있어요?

나: 가방을 싸고 있어요.

①

가: 레오 씨, 지금 뭘 해요?

나: ______________________.

2 

가: 흐엉 씨, 지금 공부해요?

나: 아니요, ______________________________.

3 

가: 학생들이 저기에서 뭘 하고 있어요?

나: ______________________________.

4 

가: 선생님께서 뭘 하고 계세요?

나: ______________________________.

5 

가: 리타오 씨, 오후 4시쯤 뭘 하고 있었어요?

나: ______________________________.

문법2 못

1. 쓰십시오.

> 보기 한국말로 편지를 씁니다. → 한국말로 편지를 못 씁니다.

1) 한국 잡지를 읽어요. → ______________________________.

2) 음악을 들으면서 숙제해요. → ______________________________.

3) 은행에서 돈을 바꿨어요. → ______________________________.

4) 다음 주에 여행을 갈 것 같아요. → ______________________________.

5) 춤을 춥니다. → ______________________________.

2. 대화를 만드십시오.

보기 가: 김밥을 만들 수 있어요?
나: 아니요, 못 만들어요.

1) 가: 골프를 칠 수 있어요?

나: 아니요, ______________________.

2) 가: 고향에 자주 전화합니까?

나: 아니요, 바빠서 ______________________.

3) 가: 어젯밤에 잘 잤어요?

나: 아니요, 시끄러워서 ______________________.

4) 가: 아침을 먹었어요?

나: 아니요, 늦게 일어나서 ______________________.

5) 가: 부모님께 드릴 선물을 샀습니까?

나: 아니요, 시간이 없어서 ______________________.

20과 <1> 학기가 시작되기 전에 만날 수 있어요?

어휘

1. 알맞은 단어를 골라서 (   )에 쓰십시오.

학기　　한번　　방학하다　　돌아오다　　시작되다

1) 우리 같이 (   ) 만나서 밥을 먹을까요?

2) 이번 (   )이/가 끝나면 고향에 가려고 해요.

3) 영화가 (   )으니까/니까 빨리 들어가세요.

4) (   )어서/아서/여서 도서관에 학생들이 많지 않아요.

5) 지난 주말에 리타오 씨가 고향에서 (   )었어요/았어요/였어요.

문법1 -기 전에

1. 한 문장으로 만드십시오.

보기 학교에 갑니다 / 아침을 먹어요. → 학교에 가기 전에 아침을 먹어요.

1) 밥을 먹습니다 / 물을 마십니다. → ______________________.

2) 시험을 봅니다 / 복습을 하세요. → ______________________.

3) 바지를 입습니다 / 양말을 신어요. → ______________________.

4) 수업이 시작됩니다 / 화장실에 갔어요. → ______________________.

5) 회사에 들어갑니다 / 커피를 살까요? → ______________________.

2. 그림을 보고 대화를 만드십시오.

보기

가: 아침을 먹기 전에 뭘 해요?

나: 아침을 먹기 전에 운동해요.

1

가: 밥을 먹었어요?

나: 네, ______________________.

2 

가: 숙제 다 했어요?

나: 네, ________________________.

3 

가: 저녁에 친구들이 올 거예요.

나: ________________________.

4 

가: 이 약은 언제 먹어요?

나: ________________________.

5 

가: 언제 이 옷을 샀어요?

나: ________________________.

문법2 -겠다[1]

1. 문장을 바꿔 쓰십시오.

> **보기** 이따가 전화합니다. → 이따가 전화하겠습니다.

1) 제가 책을 읽습니다. → ________________________.

2) 이번 주말에 영화를 봅니다. → ________________________.

3) 아침마다 운동을 합니다. → ________________________.

4) 형에게 무슨 선물을 줍니까? → ________________________?

5) 어디에 삽니까? → ________________________?

2. 그림을 보고 대화를 만드십시오.

보기

가: 날마다 복습하세요.

나: 네, 날마다 복습하겠습니다.

1

가: 9시까지 학교에 오십시오.

나: 네, ______________________.

2

가: 이 약을 세 번 드세요.

나: 네, ______________________.

3

가: 우산을 가지고 가세요.

나: 네, 꼭 ______________________.

4

가: 담배를 피우지 마세요.

나: 네, ______________________.

5

가: 뭘 드시겠습니까?

나: ______________________.

어휘

1. 알맞은 단어를 골라서 (   ) 안에 쓰십시오.

댁	설날	떡국	세배하다

1) 음력 1월 1일은 (   )입니다.
2) 할아버지께 (   )고 돈을 받았어요.
3) 이번 주말에 할머니 (   )에 가려고 해요.
4) 어머니가 만드신 (   )을/를 먹었어요. 아주 맛있었어요.

문법2 -지 않아요?

1. 문장을 바꿔 쓰십시오.

보기 바쁩니다. → 바쁘지 않아요?

1) 노래가 좋습니다. → ____________________?
2) 이 옷은 너무 비쌉니다. → ____________________?
3) 윤아 씨가 정말 친절합니다. → ____________________?
4) 레오 씨가 스키를 잘 탑니다. → ____________________?
5) 내일 공항에 일찍 가야 합니다. → ____________________?

2. 그림을 보고 대화를 만드십시오.

보기

가: 김치가 너무 맵지 않아요?
나: 네, 너무 매워요.

①

가: ____________________?
나: 네, 정말 예쁘군요.

② 

가: ____________________?

나: 아니요, 한국말이 쉬워요.

③ 

가: ____________________?

나: 네, 축구를 정말 잘하는군요.

④ 

가: 바람이 많이 부는군요.

나: ____________________?

⑤ 

가: 저는 혼자 살아요.

나: ____________________?

문법2 -고요

1. 문장을 바꿔 쓰십시오.

보기 맛있어요. 값이 싸요. → 맛있어요. 값도 싸고요.

1) 영화를 봐요. 저녁을 먹어요. → ____________________.

2) 날씨가 추워요. 눈이 와요. → ____________________.

3) 기숙사 방이 작아요. 화장실이 없어요. → ____________________.

4) 아름다운 경치를 구경했어요. 사진을 찍었어요. → ____________________.

5) 교실이 커요. 따뜻해요. → ____________________.

2. 그림을 보고 대화를 만드십시오.

보기

가: 노라 씨가 예뻐요?

나: 네, 예뻐요. 한국말도 잘하고요.

1

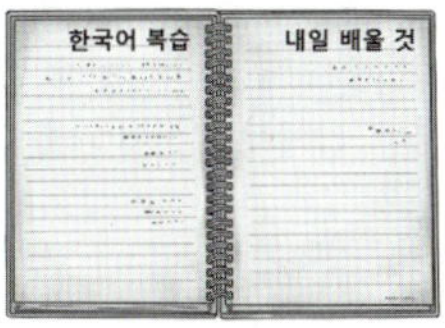

가: 날마다 복습을 해요?

나: 네, ______________________.

2

가: 거기에 가면 서핑할 수 있어요?

나: 네, ______________________.

3

가: 이 카페가 어때요?

나: ______________________.

4

가: 날씨가 어때요?

나: ______________________.

5

가: 어제 무엇을 했어요?

나: ______________________.

모범 답안(교재)

11-1 날씨가 좋으니까 공원에 갑시다

어휘1
1) 약속 시간은 2) 약속 장소는 3) 약속이 있어요
4) 약속이 없어요 5) 약속을 지키

어휘2
1) 자주 영화를 봅니다. 2) 날마다 수영합니다.
3) 가끔 청소를 합니다. 4) 자주 도서관에 갑니다.

-은/ㄴ 후에
1) 가: 존 씨, 어제 오후에 뭘 했어요?
나: 점심을 먹은 후에 컴퓨터를 했어요.

2) 가: 에릭 씨, 어제 오후에 뭘 했어요?
나: 빨래를 한 후에 영화를 봤어요.

3) 가: 레오 씨, 어제 오후에 뭘 했어요?
나: 청소한 후에 콘서트를 보러 갔어요.

4) 가: 노라 씨, 어제 오후에 뭘 했어요?
나: 태권도를 한 후에 집에서 쉬었어요.

5) 가: 흐엉 씨, 어제 오후에 뭘 했어요?
나: 음악을 들은 후에 잤어요.

-으니까/니까[1]
1) 피곤하니까 저 의자에 앉읍시다.
2) 추우니까 커피를 마십시다.
3) 이 식당이 깨끗하니까 여기에 갑시다.
4) 사과는 비싸니까 딸기를 삽시다.
5) 액션 영화는 표가 없으니까 코미디 영화를 봅시다.

◆ 연습해 봅시다
1) 가: 내일 약속이 있어요?
나: 아니요, 내일 약속이 없어요.
가: 그럼 숙제를 한 후에 농구를 하러 갈까요?
나: 좋아요. 오후에 한가하니까 농구장에 갑시다.

2) 가: 내일 약속이 있어요?
나: 아니요, 내일 약속이 없어요.
가: 그럼 아르바이트가 끝난 후에 같이 공부할까요?
나: 좋아요. 다음 주에 시험이 있으니까 도서관에 갑시다.

3) 가: 내일 약속이 있어요?
나: 아니요, 내일 약속이 없어요.
가: 그럼 수업이 끝난 후에 산책을 할까요?
나: 좋아요. 요즘 날씨가 좋으니까 공원에 갑시다.

11-2 심심한데 놀이공원에 갈까요?

어휘
1) 저는 영화관에 가고 싶어요.
2) 저는 미술관에 가고 싶어요.
3) 저는 박물관에 가고 싶어요.
4) 저는 카페에 가고 싶어요.
5) 저는 극장에 가고 싶어요.
6) 저는 공원에 가고 싶어요.
7) 저는 동물원에 가고 싶어요.

-는데/은데/ㄴ데[1]
1) 날씨가 추운데 녹차를 마십시다.
2) 피곤한데 쉽시다.
3) 배가 고픈데 식당에 갈까요?
4) 짬뽕이 맛있는데 짬뽕을 먹을까요?
5) 비가 오는데 집에 갈까요?

이나/나[1]
1) 한국어학당 친구들이나 한국 친구들과 먹어요.
2) 도서관이나 카페에서 숙제해요.
3) 신촌이나 강남에서 자주 놀아요.
4) 제주도나 부산에 가고 싶어요.
5) 농구나 게임을 해요.

◆ 연습해 봅시다
1) 가: 한국영화를 좋아하는데 우리 영화관에 갈까요?
나: 글쎄요. 영화관은 집에서 멀어서 가고 싶지 않아요.
가: 그럼 뭘 할까요?
나: 집에서 영화나 드라마를 봅시다.

2) 가: 심심한데 공원에 갈까요?
나: 글쎄요. 공원은 재미가 없어서 가고 싶지 않아요.
가: 그럼 뭘 할까요?
나: 친구들과 농구나 축구를 합시다.

3) 가: 오늘 약속이 없는데 미술관에 갈까요?
나: 글쎄요. 미술관은 비싸서 가고 싶지 않아요.
가: 그럼 뭘 할까요?
나: 노래방이나 피시방에 갑시다.

◆ 복습
1. 1) 약속이 2) 놀이공원 3) 글쎄요
4) 자전거를 탑시다 5) 한강공원이 6) 요즘
7) 드라마나

2. 1) 학생식당이나 기숙사 식당 2) 수업이 끝난 후에
3) 카페나 도서관 4) 날씨가 아주 좋은데
5) 오늘은 숙제가 많으니까

12-1 아버지께서 무슨 일을 하십니까?

어휘1
(왼쪽 그림)
1) 할머니 2) 아버지 3) 누나 4) 형 5) 여동생
(오른쪽 그림)
1) 외할아버지 2) 어머니 3) 남동생 4) 언니 5) 오빠

어휘2
1) 어머니가 주무십니다. 2) 남동생이 잡니다.
3) 누나가 말합니다. 4) 할아버지가 말씀하십니다.
5) 할머니가 잡수십니다.

-으시다/시다
1) 가: 할머니는 무엇을 하십니까? 나: 책을 읽으십니다.
2) 가: 외할머니는 무엇을 하십니까? 나: 사과를 드십니다.
3) 가: 어머니는 무엇을 하십니까? 나: 음식을 만드십니다.

4) 가: 외할아버지는 무엇을 하십니까? 나: 말씀하십니다.
5) 가: 아버지는 무엇을 하십니까? 나: 음악을 들으십니다.

께서

1) 어머니께서 카페에 계십니다.
2) 어머니께서 친구와 같이 커피를 드십니다.
3) 할머니께서 백화점에서 옷을 사십니다.
4) 할아버지께서 공원에 계십니다.
5) 할아버지께서 산책을 하십니다.

◆ 연습해 봅시다

1) 가: 이분이 누구십니까?
나: 우리 아버지십니다.
가: 아버지께서 무슨 일을 하십니까?
나: 교수십니다.

2) 가: 이분이 누구십니까?
나: 우리 할머니십니다.
가: 할머니께서 무슨 일을 하십니까?
나: 의사십니다.

3) 가: 이분이 누구십니까?
나: 우리 할아버지십니다.
가: 할아버지께서 무슨 일을 하십니까?
나: 요리사십니다.

12-2 어머니께서 요리를 잘하세요

☆ 어휘1

1) 오빠가 요리를 합니다.
2) 어머니께서 사진을 찍으십니다.
3) 여동생이 독서를 합니다.
4) 아버지께서 그림을 그리십니다.

☆ 어휘2

1) 뭐가 2) 이걸 3) 누굴 4) 이게 5) 이건

-으세요/세요[1]

1) 12월에 가세요. 2) 캥거루를 구경하세요.
3) 바다에서 사진을 찍으세요. 4) 생선 요리를 드세요.
5) 가방을 사세요.

-으세요/세요[2]

1) 식당에서 요리를 하세요. 2) 골프를 좋아하세요.
3) 회사에서 일하세요. 4) 저녁에 아버지와 춤을 추세요.
5) 주말에 독서를 해요.

◆ 연습해 봅시다

1) 가: 사진을 보세요. 이분이 우리 어머니세요.
나: 어머니께서 무엇을 자주 하세요?
가: 어머니께서 독서를 자주 하세요.

2) 가: 사진을 보세요. 이분이 우리 할아버지세요.
나: 할아버지께서 무엇을 자주 하세요?
가: 할아버지께서 사진을 자주 찍으세요.

3) 가: 사진을 보세요. 이분이 우리 할머니세요.
나: 할머니께서 무엇을 자주 하세요?
가: 할머니께서 그림을 자주 그리세요.

◆ 복습

1. 1) 아버지세요 2) 대학교 3) 역사를 4) 교수세요
5) 뭐예요 6) 과자예요 7) 요리를 8) 와

2. 1) 만드세요? 2) 일하세요. 3) 보세요.
4) 가수세요? 5) 잘하세요.

13-1 짧은 치마를 살까요?

☆ 어휘1

1) 치마가 짧아요. 2) 가벼워요. 3) 구두 값이 싸요.
4) 코트가 두꺼워요. 5) 바지가 길어요. 6) 가방이 무거워요.
7) 운동화 값이 비싸요.

☆ 어휘2

1) 가: 이 사과 얼마예요? 나: 천이백 원이에요.
2) 가: 이 사과 얼마예요? 나: 칠백 원이에요.
3) 가: 이 티셔츠 얼마예요? 나: 만 구천 원이에요.
4) 가: 이 슬리퍼 얼마예요? 나: 육천오백 원이에요.
5) 가: 이 가방 얼마예요? 나: 사만 팔천 원이에요.
6) 가: 이 지갑 얼마예요? 나: 이만 천오백 원이에요.

-은/ㄴ[1]

1) 가: 뭘 사고 싶어요? 나: 얇은 티셔츠를 사고 싶어요.
2) 가: 뭘 사고 싶어요? 나: 작은 가방을 사고 싶어요.
3) 가: 뭘 사고 싶어요? 나: 큰 신발을 사고 싶어요.
4) 가: 뭘 사고 싶어요? 나: 긴 치마를 사고 싶어요.
5) 가: 뭘 사고 싶어요? 나: 짧은 바지를 사고 싶어요.
6) 가: 뭘 사고 싶어요? 나: 예쁜 지갑을 사고 싶어요.

보다

1) 노라 씨 가방이 유키 씨 가방보다 가벼워요.
2) 노라 씨 공책이 유키 씨 공책보다 작아요.
3) 노라 씨 필통이 유키 씨 필통보다 예뻐요.
4) 노라 씨 책이 유키 씨 책보다 두꺼워요.
5) 노라 씨 책상이 유키 씨 책상보다 깨끗해요.

◆ 연습해 봅시다

1) 가: 저는 코트를 사고 싶어요. 이 얇은 코트가 어때요?
나: 얇은 코트보다 두꺼운 코트가 더 좋아요.
가: 그래요? 그럼 두꺼운 코트를 살까요? 여기요, 이 코트 얼마예요?
다: 이십오만 원이에요.

2) 가: 저는 시계를 사고 싶어요. 이 작은 시계가 어때요?
나: 작은 시계보다 큰 시계가 더 싸요.
가: 그래요? 그럼 큰 시계를 살까요? 여기요, 이 시계 얼마예요?
다: 팔만 원이에요.

3) 가: 저는 바지를 사고 싶어요. 이 긴 바지가 어때요?
나: 긴 바지보다 짧은 바지가 더 예뻐요.
가: 그래요? 그럼 짧은 바지를 살까요? 여기요, 이 바지 얼마예요?
다: 사만 원이에요.

13-2 여자들이 제일 좋아하는 꽃이 뭐예요?

어휘1

1) 가: 어디에서 샀어요? 나: 면세점에서 샀어요.
2) 가: 어디에서 샀어요? 나: 백화점에서 샀어요.
3) 가: 어디에서 샀어요? 나: 시장에서 샀어요.
4) 가: 어디에서 샀어요? 나: 슈퍼마켓에서 샀어요.

어휘2

1) 가: 연필 세 자루 주세요. 나: 네, 여기 있습니다.
2) 가: 공책 여섯 권 주세요. 나: 네, 여기 있습니다.
3) 가: 표 네 장 주세요. 나: 네, 여기 있습니다.
4) 가: 바지 두 벌 주세요. 나: 네, 여기 있습니다.
5) 가: 운동화 한 켤레 주세요. 나: 네, 여기 있습니다.

-는

1) 가: 누가 유키 씨예요?
나: 책을 읽는 사람이 유키 씨예요.

2) 가: 누가 존 씨예요?
나: 커피를 마시는 사람이 존 씨예요.

3) 가: 누가 주앙 씨예요?
나: 텔레비전을 보는 사람이 주앙 씨예요.

4) 가: 누가 에릭 씨예요?
나: 음악을 듣는 사람이 에릭 씨예요.

5) 가: 누가 리타오 씨예요?
나: 자는 사람이 리타오 씨예요.

6) 가: 누가 올리비아 씨예요?
나: 운동(요가)하는 사람이 올리비아 씨예요.

에²

1) 가: 이 티셔츠 얼마예요? 나: 한 벌에 만 원이에요.
2) 가: 이 사진 얼마예요? 나: 한 장에 칠천 원이에요.
3) 가: 이 잡지 얼마예요? 나: 한 권에 만 오천 원이에요.
4) 가: 이 볼펜 얼마예요? 나: 한 자루에 칠백 원이에요.
5) 가: 이 가방 얼마예요? 나: 한 개에 팔천 원이에요.
6) 가: 이 꽃 얼마예요? 나: 한 송이에 이천 원이에요.
7) 가: 이 커피 얼마예요? 나: 두 잔에 사천오백 원이에요.

연습해 봅시다

1) 가: 어서 오세요. 뭘 찾으세요?
나: 할아버지들이 좋아하시는 과일이 뭐예요?
가: 할아버지들은 바나나를 좋아하세요.
한 송이에 오천오백 원이에요.
나: 그럼 두 송이 주세요.

2) 가: 어서 오세요. 뭘 찾으세요?
나: 여자들이 많이 읽는 책이 뭐예요?
가: 여자들은 이 잡지를 많이 읽어요. 한 권에 만 이천 원이에요.
나: 그럼 한 권 주세요.

3) 가: 어서 오세요. 뭘 찾으세요?
나: 학생들이 좋아하는 신발이 뭐예요?
가: 학생들은 이 운동화를 좋아해요. 한 켤레에 십만 원이에요.
나: 그럼 한 켤레 주세요.

복습

1. 1) 치마를 2) 싼 3) 가게를
4) 찾으세요 5) 얼마예요 6) 벌
7) 원이에요. 8) 더 9) 그래요
10) 짧은 11) 송이 12) 스무

2. 1) 아는 2) 사는 3) 보다
4) 친절한 5) 맛있는 6) 에
7) 싼 8) 조용한

14-1 모두 같이 먹을 케이크를 샀어요

어휘1

1) 하늘 씨가 시디를 줬습니다.
2) 하늘 씨가 인형을 줬습니다.
3) 하늘 씨가 꽃다발과 상품권을 드렸습니다.
4) 하늘 씨가 넥타이를 드렸습니다.
5) 하늘 씨가 화장품과 향수를 드렸습니다.

어휘2

1) 그래서 2) 그렇지만

에게(한테/께)

1) 아버지께 이메일을 보낼 거예요.
2) 어머니께 화장품을 드릴 거예요.
3) 오빠에게 운동화를 선물할 거예요.
4) 여동생에게 인형을 줄 거예요.
5) 남동생에게 돈을 줄 거예요.

-을/ㄹ

1) 보낼 2) 줄 3) 읽을 4) 입을 5) 먹을

연습해 봅시다

1) 가: 흐엉 씨, 가족들에게 무엇을 선물할 거예요?
나: 글쎄요, 이따가 시장에 갈 거예요.
노라 씨는 동생에게 줄 선물을 샀어요?
가: 네, 동생이 먹을 과자를 샀어요.

2) 가: 주앙 씨, 가족들에게 무엇을 선물할 거예요?
나: 글쎄요, 이따가 백화점에 갈 거예요.
에릭 씨는 할아버지께 드릴 선물을 샀어요?
가: 네, 할아버지께서 읽으실 책을 샀어요.

3) 가: 레오 씨, 가족들에게 무엇을 선물할 거예요?
나: 글쎄요, 이따가 빵집에 갈 거예요.
하늘 씨는 누나에게 줄 선물을 샀어요?
가: 네, 누나가 들을 시디를 샀어요.

14-2 이건 우리가 준비한 생일 케이크예요

어휘

1) 카드를 씁니다. 2) 풍선을 붑니다.
3) 케이크를 자릅니다. 4) 생일 축하 노래를 부릅니다.
5) 축하합니다.

-은/ㄴ²

1) 수영한　2) 산　3) 잔　4) 찍은　5) 만난

르동사

	-어요/아요/여요	-었어요/았어요/였어요	-어서/아서/여서
고르다	**골라요**	골랐어요	골라서
모르다	몰라요	**몰랐어요**	몰라서
자르다	잘라요	잘랐어요	**잘라서**
부르다	불러요	불렀어요	불러서
다르다	달라요	달랐어요	달라서
빠르다	빨라요	빨랐어요	빨라서

1) 골랐어요　2) 빨라서　3) 잘랐어요　4) 불렀어요

◆ 연습해 봅시다

1) 가: 생일 축하해요. 이거 우리가 고른 시디예요.
나: 와, 제가 좋아하는 가수 시디예요.
가: 우리가 같이 골랐어요.
나: 정말 고마워요.

2) 가: 생일 축하해요. 이거 우리가 준비한 선물이에요.
나: 와, 제가 좋아하는 인형이에요.
가: 우리가 같이 만들었어요.
나: 정말 고마워요.

3) 가: 생일 축하해요. 이거 우리가 산 꽃이에요.
나: 와, 제가 좋아하는 꽃이에요.
가: 우리가 같이 샀어요.
나: 정말 고마워요.

◆ 복습

1. 1) 고르세요　2) 인형이에요　3) 화장품이에요
4) 케이크를　5) 정말　6) 이따가
7) 드릴까요?

2. 1) 올　2) 몰라요　3) 간

15-1 전화번호 좀 가르쳐 주세요

☆ 어휘

1) 전화번호가　2) 지역 번호예요　3) 국가 번호가

-지요?

1) 날씨가 좋지요?　2) 꽃이 아름답지요?
3) 사람이 많지요?　4) 서울식당을 알지요?
5) 음식이 맛있지요?

-어/아/여 주다

1) 지우개를 빌려 주세요.　2) 창문을 닫아 주세요.
3) 천천히 말해 주세요.　4) 칠판에 써 주세요.
5) 영어를 가르쳐 줄까요?

◆ 연습해 봅시다

1) 가: 존 씨, 기숙사 전화번호를 알지요?
나: 네, 알아요.
가: 그럼 기숙사 전화번호 좀 가르쳐 주세요.
나: 잠깐만요. 02-2123-7481이에요.

2) 가: 존 씨, 선생님 전화번호를 알지요?
나: 네, 알아요.
가: 그럼 선생님 전화번호 좀 가르쳐 주세요.
나: 잠깐만요. 010-3428-5114예요

3) 가: 존 씨, 주앙 씨 전화번호를 알지요?
나: 네, 알아요.
가: 그럼 주앙 씨 전화번호 좀 가르쳐 주세요.
나: 잠깐만요. 010-9764-2600이에요

15-2 유키 씨에게서 전화를 받았어요?

☆ 어휘

1) 전화를 걸었어요.　2) 통화 중이었어요.
3) 전화를 받았어요.　4) 바꿔
5) 전화를 끊었어요.　6) 문자메시지를 보내

에게서(한테서)

1) 레오 씨에게서 문자메시지를 받았어요.
2) 에릭 씨에게서 전화가 왔어요.
3) 어머니한테서 선물을 받았어요.
4) 유키 씨한테서 일본말을 배웠어요.
5) 남자 친구한테서 꽃을 받았어요.

-을/ㄹ 수 있다(없다)

1) 가: 탁구를 칠 수 있어요?
나: 네, 탁구를 칠 수 있어요.

2) 가: 영어를 할 수 있어요?
나: 네, 영어를 할 수 있어요.

3) 가: 초밥을 만들 수 있어요?
나: 아니요, 초밥을 만들 수 없어요.

4) 가: 한국말 뉴스를 들을 수 있어요?
나: 아니요, 한국말 뉴스를 들을 수 없어요.

5) 가: 오늘 같이 점심을 먹을 수 있어요?
나: 네, 오늘 같이 점심을 먹을 수 있어요.

◆ 연습해 봅시다

1) 정하늘: 여보세요? 리타오 씨, 유키 씨한테서 문자메시지를 받았어요?
리타오: 네, 아침에 문자메시지를 받았어요.
정하늘: 그럼 같이 점심을 먹을 수 있어요?
리타오: 미안해요. 약속이 있어서 같이 먹을 수 없어요.

2) 정하늘: 여보세요? 리타오 씨, 노라 씨한테서 문자메시지를 받았어요?
리타오: 네, 아침에 문자메시지를 받았어요.
정하늘: 그럼 오늘 우리 집에 올 수 있어요?
리타오: 미안해요. 내일 시험이 있어서 갈 수 없어요.

3) 정하늘: 여보세요? 리타오 씨, 흐엉 씨한테서 문자메시지를 받았어요?
리타오: 네, 아침에 문자메시지를 받았어요.
정하늘: 그럼 같이 파티를 준비할 수 있어요?
리타오: 미안해요. 시간이 없어서 같이 준비할 수 없어요.

◆ 복습

1. 1) 전화를 받았어요? 2) 통화 중이에요. 3) 전화번호를
4) 좀 5) 잠깐만요. 6) 지역번호예요
7) 파티

2. 1) 수영장에 갈 2) 할아버지 3) 가르쳐 4) 알

16-1 명동까지 택시로 얼마나 걸려요?

☆ 어휘

1) 배를 2) 기차나 3) 고속버스를 4) 택시를
5) 자전거나 6) 오토바이를 7) 지하철이나 8) 버스를

으로/로[1]

1) 전화로 예약했어요.
2) 초밥은 생선으로 만들어요.
3) 초밥을 젓가락으로 먹을 수 있어요.
4) 종업원하고 영어로 이야기했어요.
5) 호텔에 지하철로 갔어요.

에서 까지

1) 가: 서울에서 인천까지 얼마나 걸려요?
나: 서울에서 인천까지 지하철로 한 시간쯤 걸려요.

2) 가: 서울에서 강릉까지 얼마나 걸려요?
나: 서울에서 강릉까지 고속버스로 두 시간 삼십 분쯤 걸려요.

3) 가: 서울에서 대전까지 얼마나 걸려요?
나: 서울에서 대전까지 기차로 한 시간쯤 걸려요.

4) 가: 서울에서 광주까지 얼마나 걸려요?
나: 서울에서 광주까지 고속버스로 세 시간 삼십 분쯤 걸려요.

5) 가: 서울에서 제주도까지 얼마나 걸려요?
나: 서울에서 제주도까지 비행기로 오십 분쯤 걸려요.

◆ 연습해 봅시다

1) 가: 부산에 뭘 타고 갈까요?
나: 비행기가 빠르니까 비행기로 갑시다.
가: 서울에서 부산까지 비행기로 얼마나 걸려요?
나: 40분쯤 걸려요.

2) 가: 한강공원에 뭘 타고 갈까요?
나: 날씨가 좋으니까 자전거로 갑시다.
가: 여기에서 한강공원까지 자전거로 얼마나 걸려요?
나: 1시간쯤 걸려요.

3) 가: 후쿠오카에 뭘 타고 갈까요?
나: 배가 싸니까 배로 갑시다.
가: 부산에서 후쿠오카까지 배로 얼마나 걸려요?
나: 4시간쯤 걸려요.

16-2 지하철은 몇 분마다 와요?

☆ 어휘

1) 탔어요. 2) 출발했어요. 3) 갈아탔어요.
4) 도착했어요. 5) 정류장 6) 내렸어요.
7) 역 8) 고속버스 터미널

-어야/아야/여야 하다

1) 교실에서 한국말로 이야기해야 해요.
2) 수업 시간에 휴대전화를 꺼야 해요.
3) 숙제를 꼭 해야 해요.
4) 학생증을 만들어야 해요.
5) 시험을 두 번 봐야 해요.

마다

1) 가: 7737번 버스는 몇 분마다 와요?
나: 20분마다 와요.

2) 가: 770번 버스는 몇 분마다 와요?
나: 15분마다 와요.

3) 가: 672번 버스는 몇 분마다 와요?
나: 22분마다 와요.

4) 가: 6011번 버스는 몇 분마다 와요?
나: 30분마다 와요.

5) 가: 9000번 버스는 몇 분마다 와요?
나: 1시간마다 와요.

◆ 연습해 봅시다

1) 가: 여기에서 인사동에 어떻게 가요?
나: 지하철 3호선을 타야 해요.
가: 지하철은 몇 분마다 와요?
나: 8분마다 와요.

2) 가: 여기에서 학교에 어떻게 가요?
나: 7024번 버스를 타야 해요.
가: 버스는 몇 분마다 와요?
나: 15분마다 와요.

3) 가: 여기에서 대전에 어떻게 가요?
나: 기차를 타야 해요.
가: 기차는 몇 분마다 와요?
나: 30분마다 와요.

4) 가: 여기에서 광주에 어떻게 가요?
나: 고속버스를 타야 해요.
가: 고속버스는 몇 분마다 와요?
나: 1시간마다 와요.

◆ 복습

1. 1) 어떻게 2) 택시로 3) 호선을 4) 삼성역
5) 얼마나 6) 쯤 7) 내립시다

2. 1) 까지 2) 로 3) 마다 4) 마다 5) 가야

17-1 사거리에서 오른쪽으로 가세요

☆ 어휘

1) 왼쪽 2) 오른쪽 3) 이쪽 4) 그쪽 5) 저쪽

-으면/면

1) 가: 머리가 아파요.
나: 머리가 아프면 약을 드세요.

2) 가: 추워요.
나: 추우면 창문을 닫으세요.

3) 가: 배가 고파요.
나: 배가 고프면 음식을 좀 드세요.

4) 가: 돈이 없어요.
나: 돈이 없으면 친구한테서 돈을 빌리세요.

5) 가: 부모님을 보고 싶어요.
나: 부모님을 보고 싶으면 부모님께 연락드리세요.

으로/로²

1) 가: 약국이 어디에 있어요? 나: 왼쪽으로 가세요.
2) 가: 병원이 어디에 있어요? 나: 똑바로 가세요.
3) 가: 백화점이 어디에 있어요? 나: 오른쪽으로 가세요.
4) 가: 화장실이 어디에 있어요 나: 왼쪽으로 가세요.
5) 가: 교실이 어디에 있어요? 나: 2층으로 가세요.

◆ 연습해 봅시다

1) 가: 저, 실례지만 길 좀 가르쳐 주세요.
나: 어딜 찾으세요?
가: 이 근처에 버스 정류장이 있어요?
나: 네, 여기에서 50미터쯤 가면 버스정류장이 있어요.
사거리에서 왼쪽으로 가세요.

2) 가: 저, 실례지만 길 좀 가르쳐 주세요.
나: 어딜 찾으세요?
가: 이 근처에 공원이 있어요?
나: 네, 여기에서 10분쯤 가면 공원이 있어요.
사거리에서 오른쪽으로 가세요.

3) 가: 저, 실례지만 길 좀 가르쳐 주세요.
나: 어딜 찾으세요?
가: 이 근처에 서점이 있어요?
나: 네, 여기에서 100미터쯤 가면 서점이 있어요.
사거리에서 똑바로 가세요.

17-2 횡단보도를 건너서 왼쪽으로 오세요

☆ 어휘

1) 육교로 2) 올라가세요 3) 건너편
4) 내려가세요 5) 횡단보도 6) 건너세요
7) 지하도가 8) 출구로 9) 들어가서
10) 나가세요

-요?

1) 장미 100송이 2) 한국요리 책 3) 갈비 5인분
4) 3시간 5) 선물

-어서/아서/여서²

1) 학교에 가서 한국말을 배웠어요.
2) 친구를 만나서 점심을 먹었어요.
3) 꽃을 사서 윤아 씨에게 줬어요.
4) 버스에서 내려서 횡단보도를 건넜어요.
5) 소파에 앉아서 텔레비전을 봤어요.

◆ 연습해 봅시다

1) 가: 하늘 씨, 저는 지금 정류장에 있어요.
여기에서 하늘 씨 집까지 어떻게 가요?
나: 거기에서 공원이 보여요?
가: 공원요? 네, 보여요.
나: 공원 건너편에 우리 집이 있어요.
횡단보도를 건너서 왼쪽으로 오세요.

2) 가: 유키 씨, 저는 지금 정류장에 있어요.
여기에서 유키 씨 집까지 어떻게 가요?
나: 거기에서 영화관이 보여요?
가: 영화관요? 네, 보여요.
나: 영화관 건너편에 우리 집이 있어요.
지하도를 건너서 오른쪽으로 오세요.

3) 가: 윤아 씨, 저는 지금 정류장에 있어요.
여기에서 윤아 씨 집까지 어떻게 가요?
나: 거기에서 제주호텔이 보여요?
가: 제주호텔요? 네, 보여요.
나: 제주호텔 건너편에 우리 집이 있어요.
횡단보도를 건너서 오른쪽으로 오세요.

◆ 복습

1. 1) 실례지만 2) 횡단보도가 3) 보이 4) 건너서
5) 오른쪽으로 6) 미터 7) 약국이 8) 건너편
9) 내려가서 10) 나가세요.

2. 1) 출구로 2) 100미터 3) 100미터쯤 가면
4) 건너서

18-1 비가 오는군요

☆ 어휘

1) 눈이 옵니다. 2) 맑습니다. 따뜻합니다.
3) 바람이 붑니다. 선선합니다. 4) 흐립니다. 쌀쌀합니다.

-는군요/군요

1) 아름답군요. 2) 예쁘군요. 3) 싸군요.
4) 사람이 많군요. 5) 커피를 좋아하는군요.

-을/ㄹ 것 같다

1) 수영을 할 것 같아요. 2) 병원에 갈 것 같아요.
3) 친구를 만날 것 같아요. 4) 김밥을 만들 것 같아요.
5) 데이트를 할 것 같아요.

◆ 연습해 봅시다

1) 가: 바람이 많이 부는군요.
나: 네, 쌀쌀할 것 같아요.
가: 오늘은 놀이공원에 가지 못할 겻 같아요.
나: 그럼 오늘은 영화를 보러 갈까요?

2) 가: 날씨가 흐리군요.
나: 네, 눈이 올 것 같아요.
가: 오늘은 밖에서 운동을 하지 못할 것 같아요.
나: 그럼 오늘은 체육관에서 운동을 할까요?

3) 가: 비가 오는군요.
나: 네, 추울 것 같아요.
가: 오늘은 공원에서 산책하지 못할 것 같아요.
나: 그럼 백화점에 갈까요?

18-2 벚꽃을 구경하면서 천천히 걸읍시다

어휘

1) 여름 가: 어느 계절을 좋아하세요?
나: 여름을 좋아해요.
가: 여름에 무엇을 해요?
나: 해수욕장에 가요.

2) 가을 가: 어느 계절을 좋아하세요?
나: 가을을 좋아해요.
가: 가을에 무엇을 해요?
나: 단풍구경을 해요.

3) 겨울 가: 어느 계절을 좋아하세요?
나: 겨울을 좋아해요.
가: 겨울에 무엇을 해요?
나: 눈싸움을 해요.

-는/은/ㄴ 것 같다

1) 노라 씨가 늦게 온 것 같아요.
2) 올리비아 씨가 시험을 잘 본 것 같아요.
3) 유키 씨가 편의점에 가는 것 같아요.
4) 흐엉 씨가 자는 것 같아요.
5) 지금 쉬는 시간인 것 같아요.

-으면서/면서

1) 아이스크림을 먹으면서 걷습니다.
2) 음악을 들으면서 춤을 춥니다.
3) 기타를 치면서 노래를 합니다.
4) 커피를 마시면서 이야기를 합니다.
5) 웃으면서 사진을 찍습니다.

◆ 연습해 봅시다

1) 가: 사람들이 수영하면서 노는군요. 저기가 어디예요?
나: 하와이인 것 같아요.
가: 저곳은 날씨가 어때요?
나: 시원한 것 같아요.

2) 가: 사람들이 사진을 찍으면서 경치를 구경하는군요.
저기가 어디예요?
나: 노르웨이인 것 같아요.
가: 저곳은 날씨가 어때요?
나: 추운 것 같아요.

3) 가: 사람들이 커피를 마시면서 이야기하는군요. 저기가 어디예요?
나: 베트남인 것 같아요.
가: 저곳은 날씨가 어때요?
나: 더운 것 같아요.

◆ 복습

1. 1) 꽃을 구경하러 2) 비가 올 3) 봄
4) 일기예보를 5) 가지고 왔어요. 6) 우산을 씁시다

2. 1) 듣지 않는 2) 들으면서 3) 맛있을 4) 하는군요

19-1 토요일에 전주에 가려고 해요

어휘

1) 게스트하우스 2) 호텔 3) 여행을 가요. 4) 콘도
5) 펜션 6) 여행사 7) 계획을 세울

-으려고/려고 하다

1) 가: 뭘 타고 가려고 해요?
나: 저는 기차를 타고 가려고 해요.

2) 가: 어디를 구경하려고 해요?
나: 저는 한옥마을을 구경하려고 해요.

3) 가: 뭘 먹으려고 해요?
나: 저는 비빔밥을 먹으려고 해요.

4) 가: 누구를 만나려고 해요?
나: 저는 마이클을 만나려고 해요.

5) 가: 어디에서 자려고 해요?
나: 저는 호텔에서 자려고 해요.

-는 게 어때요?

1) 조용한 노래를 부르는 게 어때요?
2) 바지를 입는 게 어때요?
3) 6시에 만나는 게 어때요?
4) 학교 앞 식당에서 먹는 게 어때요?
5) 기숙사 근처 노래방에 가는 게 어때요?

◆ 연습해 봅시다

1) 가: 내일 제주도에 가려고 해요.
나: 그래요? 어디에서 잘 거예요?
가: 아직 몰라요. 아는 곳이 있으면 좀 가르쳐 주세요.
나: 펜션에서 자는 게 어때요? 제가 잘 아는 펜션이 있어요.

2) 가: 이번 주 금요일에 강릉에 가려고 해요.
나: 그래요? 어디에서 잘 거예요?
가: 아직 몰라요. 아는 곳이 있으면 좀 가르쳐 주세요.
나: 콘도에서 자는 게 어때요? 제가 잘 아는 콘도가 있어요.

3) 가: 다음 주 토요일에 일본에 가려고 해요.
나: 그래요? 어디에서 잘 거예요?
가: 아직 몰라요. 아는 곳이 있으면 좀 가르쳐 주세요.
나: 게스트하우스에서 자는 게 어때요?
제가 잘 아는 게스트하우스가 있어요.

19-2 여행 갈 준비를 하고 있어요

어휘

1) 쓸 2) 충전기 3) 약
4) 모자를 5) 신어야 6) 우산

-고 있다

1) 가: 리타오 씨가 뭘 하고 있어요?
나: 면세점에서 물건을 구경하고 있어요.

2) 가: 레오 씨가 뭘 하고 있어요?
나: 전화하고 있어요.

3) 가: 존 씨가 뭘 하고 있어요?
나: 문자 메시지를 보내고 있어요.

4) 가: 노라 씨가 뭘 하고 있어요?
나: 흐엉 씨를 기다리고 있어요.

5) 가: 올리비아 씨가 뭘 하고 있어요?
나: 잡지를 읽고 있어요.

못

1) 가: 스케이트를 탈 수 있어요?
나: 아니요, 스케이트를 못 타요.

2) 가: 냉면을 만들 수 있어요?
나: 아니요, 냉면을 못 만들어요.

3) 가: 한국말로 전화할 수 있어요?
나: 아니요, 한국말로 전화를 못 해요.

4) 가: 한국에서 운전할 수 있어요?
나: 아니요, 한국에서 운전을 못 해요.

5) 가: 생일 파티에 올 수 있어요?
나: 아니요, 생일 파티에 못 가요.

◆ 연습해 봅시다

1) 가: 지금 뭘 해요?
나: 같이 여행갈 친구하고 이야기하고 있어요.
가: 식사는 했어요?
나: 아니요, 아직 못 했어요.

2) 가: 지금 뭘 해요?
나: 쇼핑하고 있어요.
가: 여행 가서 입을 옷은 샀어요?
나: 아니요, 아직 못 샀어요.

3) 가: 지금 뭘 해요?
나: 가방을 싸고 있어요.
가: 돈은 바꿨어요?
나: 아니요, 아직 못 바꿨어요.

◆ 복습

1. 1) 다　2) 민박할　3) 민박집을　4) 아직
5) 떠나니까　6) 싸　7) 우산을　8) 모자

2. 1) 공부하　2) 남자 친구에게 줄 선물을 사려고
3) 옷이나 신발을 선물하　4) 못

20-1 학기가 시작되기 전에 만날 수 있어요?

☆ 어휘

1) 학기가 끝나　2) 방학이 시작됐어요
3) 방학　4) 학기 중
5) 방학이 끝나　6) 학기가 시작돼요

-기 전에

1) 쇼핑하기 전에 호텔을 예약해요.
2) 호텔을 예약하기 전에 비행기 표를 사요.
3) 비행기 표를 사기 전에 여권을 만들어요.
4) 여권을 만들기 전에 여행 계획을 세워요.
5) 여행 계획을 세우기 전에 존 씨에게 물어봐요.

-겠다[1]

1) 제가 식당을 예약하겠습니다.
2) 제가 이메일을 보내겠습니다.
3) 제가 선물을 사겠습니다.
4) 제가 노래를 부르겠습니다.
5) 제가 사진을 찍겠습니다.

◆ 연습해 봅시다

1) 가: 방학하면 무엇을 할 거예요?
나: 서핑을 하러 바다에 갈 거예요.
가: 바다에 가기 전에 만날 수 있어요?
나: 네, 제가 전화하겠습니다.

2) 가: 방학하면 무엇을 할 거예요?
나: 스키를 타러 갈 거예요.
가: 스키를 타러 가기 전에 만날 수 있어요?
나: 네, 제가 문자메시지를 보내겠습니다.

3) 가: 방학하면 무엇을 할 거예요?
나: 제주도에 여행을 갈 거예요.
가: 제주도에 가기 전에 만날 수 있어요?
나: 네, 제가 연락하겠습니다.

20-2 세배할 거예요. 맛있는 떡국도 먹고요

☆ 어휘

1) 어린이날이　2) 휴가를　3) 한글날이
4) 크리스마스가　5) 설날

-지 않아요?

1) 가: 저 사람이 스케이트를 정말 잘 타지 않아요?
나: 네, 스케이트를 정말 잘 타요.

2) 가: 저 사람이 노래를 정말 잘하지 않아요?
나: 네, 노래를 정말 잘해요.

3) 가: 날씨가 너무 춥지 않아요?
나: 네, 너무 추워요.

4) 가: 배가 고프지 않아요?
나: 네, 배가 고파요.

5) 가: 지하철에 사람이 너무 많지 않아요?
나: 네, 너무 많아요.

-고요

1) 가: 교실이 어때요?
나: 커요. 깨끗하고요.

2) 가: 선생님이 어때요?
나: 예뻐요. 친절하고요.

3) 가: 주앙 씨가 무엇을 해요?
나: 노래해요. 춤도 추고요.

4) 가: 노라 씨가 한국말을 잘해요?
나: 네, 한국말을 잘해요. 영어도 잘하고요.

5) 가: 날씨가 어때요?
나: 추워요. 눈도 오고요.

◆ 연습해 봅시다

1) 가: 이번 주말에 산에 갑시다.
   나: 날씨가 좀 춥지 않아요?
   가: 그럼 미술관에 갑시다.
   나: 네, 좋아요. 거기에서 그림을 봅시다.
   맛있는 커피도 마시고요.

2) 가: 이번 휴가에 제주도에 갑시다.
   나: 제주도는 너무 멀지 않아요?
   가: 그럼 춘천에 갑시다.
   나: 네, 좋아요. 거기에서 배를 탑시다. 닭갈비도 먹고요.

3) 가: 이번 크리스마스에 집에서 쉽시다.
   나: 집은 심심하지 않아요?
   가: 그럼 파티에 갑시다.
   나: 네, 좋아요. 파티에서 춤을 춥시다. 게임도 하고요.

◆ 복습

1. 1) 설날 2) 댁 3) 세배할
   4) 떡국 5) 학기가 6) 시작되
   7) 한번 8) 돌아오면

2. 1) 힘들 2) 도와 드리 3) 춤도 추

연습 문제 답안

11-1 날씨가 좋으니까 공원에 갑시다

☆ 어휘

1. 1) 가끔　2) 자전거를 타　3) 약속이　4) 요즘
   5) 한강공원

-은/ㄴ 후에

1. 1) 청소를 한 후에 빨래를 했습니다.
   2) 숙제를 한 후에 놀 거예요..
   3) 수업이 끝난 후에 영화를 보러 갑시다.
   4) 한국말을 배운 후에 영어를 배우고 싶어요.
   5) 점심을 먹은 후에 같이 농구할까요?
2. 1) 저녁을 먹은 후에 보통 텔레비전을 봐요.
   2) 운동을 한 후에 친구하고 쇼핑했어요.
   3) 아르바이트를 한 후에 수영하러 가요.
   4) 수업이 끝난 후에 만납시다.
   5) 신문을 읽은 후에 잘 거예요.

-으니까/니까[1]

1. 1) 피곤하니까 조금 쉽시다.
   2) 내일 시험이 있으니까 열심히 공부하십시오.
   3) 교실이 추우니까 문을 닫으십시오.
   4) 오늘은 바쁘니까 내일 만납시다.
   5) 늦었으니까 집에 갈까요?
2. 1) 더우니까
   2) 저 식당 음식이 맛있으니까
   3) 지하철이 빠르니까
   4) 오늘은 약속이 있으니까
   5) 더우니까 냉면을 시킵시다.

11-2 심심한데 놀이공원에 갈까요?

☆ 어휘

1. 1) 놀이공원　2) 심심해요　3) 드라마가　4) 글쎄요

-는데/은데/ㄴ데[1]

1. 1) 일이 너무 많은데 같이 합시다.
   2) 더운데 냉면을 먹읍시다.
   3) 내일은 약속이 없는데 내일 만날까요?
   4) 지금 백화점에 옷을 사러 가는데 같이 가요.
   5) 불고기가 맵지 않은데 불고기를 시키십시오.
2. 1) 숙제가 어려운데 같이 할까요?
   2) 날씨가 추운데 삼계탕을 먹을까요?
   3) 이 영화가 재미있는데 이 영화를 볼까요?
   4) 같이 놀고 싶은데 주말에 만날까요?
   5) 내일은 한가한데 같이 놀이공원에 갈까요?

이나/나[1]

1. 1) 김밥이나 샌드위치를 먹읍시다.
   2) 잡지나 신문을 봅니다.
   3) 토요일이나 일요일이 좋습니다.
   4) 수영이나 태권도를 배우십시오.
   5) 한강공원이나 놀이공원에 가고 싶습니다.
2. 1) 냉면이나 자장면을 먹읍시다.
   2) 꽃이나 책이 좋습니다.
   3) 카페나 미술관에서 데이트하고 싶어요.
   4) 금요일이나 토요일에 만납시다.
   5) 커피나 녹차를 마셔요.

12-1 아버지께서 무슨 일을 하십니까?

☆ 어휘

1. 1) 교수　2) 역사를　3) 이분은　4) 대학교　5) 아버지는

-으시다

1. 1) 운동하십니다.　2) 의자에 앉으십니다.
   3) 사진을 찍으십니다.　4) 빵을 드십니다/잡수십니다.
   5) 주무십니다.
2. 1) 어머니가 잡지를 읽으십니다.
   2) 할아버지가 음악을 들으십니다.
   3) 선생님이 교실에 계십니다.
   4) 할머니가 불고기를 만드십니다.
   5) 아버지가 은행원이십니다.

께서

1. 1) 께서　2) 께서　3) 이　4) 가　5) 께서
2. 1) 어머니께서 커피를 드십니다.
   2) 할머니께서 신문을 읽으십니다.
   3) 선생님께서 한국말을 가르치십니다.
   4) 할아버지께서 방에 계십니다.
   5) 부모님께서 말씀하십니다.

12-2 어머니께서 요리를 잘하세요

☆ 어휘

1. 1) 과자를　2) 뭐예요?　3) 와　4) 요리를　5) 이게

-으세요/세요[1]

1. 1) 쉬세요.　2) 창문을 닫으세요.
   3) 이 과자를 드세요.　4) 말씀하세요.
   5) 사진을 찍지 마세요.
2. 1) 숙제를 하세요.　2) 여기에 앉으세요.
   3) 사세요.　4) 피자를 만드세요.
   5) 1시에 오세요.

-으세요/세요[2]

1. 1) 어머니께서 바쁘세요.
   2) 할아버지께서 그림을 그리세요.
   3) 선생님께서 친절하세요.
   4) 할머니께서 주무세요?
   5) 올리비아 씨, 어디에 계세요?
2. 1) 어머니께서 회사원이세요.
   2) 할머니께서 금요일에 오세요.
   3) 아버지께서 음악을 들으세요.
   4) 할아버지께서 빵을 잡수세요.
   5) 잡지를 읽어요.

13-1 짧은 치마를 살까요?

어휘

1. 1) 치마를 2) 더 3) 짧은 4) 긴
5) 얼마예요?, 만, 원이에요. 6) 그래요?

-은/ㄴ¹

1. 1) 좋은 식당을 알아요? 2) 친절한 사람이 좋아요.
3) 머리가 긴 친구가 마리아예요. 4) 싸고 예쁜 가방을 샀어요.
5) 복잡하지 않은 카페에 갑시다.
2. 1) 친절한 사람을 좋아해요. 2) 매운 음식을 먹었어요.
3) 아름다운 곳에 살고 싶어요. 4) 싼 시계예요.
5) 아니요, 짧은 치마를 사고 싶어요.

보다

1. 1) 미국이 한국보다 커요.
2) 교실이 기숙사 방보다 깨끗해요.
3) 제가 동생보다 노래를 잘해요.
4) 유키 씨가 노라 씨보다 많이 자요.
5) 시장이 백화점보다 물건 값이 쌉니다.
2. 1) 코트가 치마보다 비싸요.
2) 도서관이 교실보다 조용해요.
3) 골프보다 태권도를 좋아해요.
4) 흐엉 씨가 노라 씨보다 열심히 공부해요.
5) 주앙 씨가 피자보다 김밥을 잘 먹어요.

13-2 여자들이 제일 좋아하는 꽃이 뭐예요?

어휘

1. 1) 스무 2) 장미를 3) 제일 4) 송이 5) 들이
6) 어서 오세요. 찾으세요

-는

1. 1) 날마다 하는 일이 뭐예요?
2) 지금 읽는 책이 어려워요.
3) 한국말을 배우는 학생이 많아요.
4) 요리를 잘하는 사람을 좋아해요.
5) 제가 먹지 않는 음식이 김치예요.
2. 1) 책을 읽는 사람이 에릭 씨예요.
2) 자주 마시는 차가 유자차예요.
3) 사진을 찍
4) 노래를 잘하
5) 영어를 잘하는 사람을 찾아요.

에²

1. 1) 치킨 한 마리에 얼마예요?
2) 사과 세 개에 5,000원이에요.
3) 장미 한 송이에 2,000원이에요.
4) 잡지 한 권에 만 오천 원이에요.
5) 볼펜 다섯 자루에 칠천 원입니다.
2. 1) 다섯 개에 12,000원이에요.
2) 한 권에 2,500원이에요.
3) 세 개에 2,000원이에요.
4) 한 송이에 3,000원이에요.
5) 한 벌에 45,000원이에요.

14-1 모두 같이 먹을 케이크를 샀어요

어휘

1. 1) 선물을 2) 케이크를 3) 모두
4) 화장품을 5) 선물할 6) 이따가

에게(한테/께)

1. 1) 동생에게 책을 줍니다.
2) 오빠에게 이메일을 보낼 거예요.
3) 선생님께 인사드립니다.
4) 누나에게 액세서리를 선물했어요.
5) 할아버지께 전화드리고 싶어요.
2. 1) 노라 씨가 존 씨에게 넥타이를 선물해요.
2) 레오 씨가 부인에게 꽃을 줘요.
3) 에릭 씨가 리타오 씨에게 영어를 가르쳐요.
4) 유키 씨가 어머니께 화장품을 보냈어요.
5) 흐엉 씨가 할머니께 과자를 드릴 거예요.

-을/ㄹ

1. 1) 이것은 내일 입을 옷이에요.
2) 친구에게 줄 선물을 샀어요.
3) 저녁에 먹을 불고기를 만들 거예요.
4) 생일에 집에 올 친구는 다섯 명이에요.
5) 지하철 안에서 읽을 잡지를 샀어요.
2. 1) 마실 2) 볼 3) 갈 4) 기차에서 먹을 과자를
5) 동생에게 줄 인형을 살 거예요.

14-2 이건 우리가 준비한 생일 케이크예요

어휘

1. 1) 초콜릿을 2) 축하해요 3) 고르
4) 정말 5) 준비할까요?

-은/ㄴ²

1. 1) 지난주에 간 설악산은 아름다웠어요.
2) 지난달에 학교에서 배운 노래가 재미있었어요.
3) 긴 코트를 입은 사람이 누구예요?
4) 이 그림은 제가 그린 그림이에요
5) 이 책은 어제 읽은 책이에요.
2. 1) 준 2) 노래를 부른 3) 간 카페
4) 먹은 빵이 5) 본 영화가 어땠어요?

르동사

1. 1) 달라요 2) 잘랐어요 3) 불렀어요
4) 빨라서 5) 몰라서
2. 1) 유키 씨가 노래를 불러요. 2) 가방이 달라요.
3) 어제 잘랐어요. 4) 존 씨가 빨라요.
5) 한국말을 몰라서 말을 안 해요.

15-1 전화번호 좀 가르쳐 주세요

어휘

1. 1) 전화번호를 2) 좀 3) 잠깐만요

-지요?

1. 1) 옷이 예쁘지요? 2) 날씨가 춥지요?
   3) 오늘이 월요일이지요? 4) 한국말을 잘 하지요?
   5) 중국에서 왔지요?
2. 1) 흐엉 씨는 친구가 많지요? 2) 떡볶이가 맵지요?
   3) 에릭 씨가 기숙사에 살지요? 4) 영화가 재미없었지요?
   5) 리타오 씨 생일이 6월 13일이지요?

-어/아/여 주다

1. 1) 문을 닫아 주십시오
   2) 칠판에 써 주십시오.
   3) 사진을 찍어 주십시오.
   4) 한국어를 가르쳐 주세요.
   5) 한국 음식을 만들어 주세요.
2. 1) 도와주세요.
   2) 사 주세요.
   3) 전화해 주세요.
   4) 김치볶음밥을 만들어 주세요.
   5) 중국말을 좀 가르쳐 주십시오.

15-2 유키 씨에게서 연락을 받았어요?

어휘

1. 1) 전화를 받으세요. 2) 파티를
   3) 이야기를 4) 여보세요

에게서(한테서)

1. 1) 하늘 씨에게서 책을 빌릴 거예요.
   2) 여자 친구한테서 선물을 받았습니다.
   3) 오빠한테서 문자메시지를 받았어요.
   4) 김 선생님에게서 한국말을 배웁니다.
   5) 누구한테서 이야기를 들었어요?
2. 1) 윤아 씨에게서 돈을 빌릴 거예요.
   2) 친구들한테서 연락이 왔습니다.
   3) 형에게서 문자메시지를 받았습니다.
   4) 아버지에게서 스키를 배웠어요.
   5) 누나한테서 그 이야기를 들었습니다.

-을/ㄹ 수 있다(없다)

1. 1) 자전거를 탈 수 있어요./자전거를 탈 수 없어요.
   2) 김치를 만들 수 있어요./김치를 만들 수 없어요.
   3) 한국 신문을 읽을 수 있습니다./한국 신문을 읽을 수 없습니다.
   4) 생일 파티에 갈 수 있습니다./생일 파티에 갈 수 없습니다.
   5) 지금 전화를 받을 수 있습니까?/지금 전화를 받을 수 없습니까?
2. 1) 테니스를 칠 수 있어요. 2) 길을 잘 찾을 수 있어요.
   3) 같이 농구할 수 없어요. 4) 같이 점심을 먹을 수 없어요.
   5) 토요일에 만날 수 있습니다. 토요일은 한가합니다.

16-1 명동까지 택시로 얼마나 걸려요?

어휘

1. 1) 쯤 2) 택시를 3) 얼마나
   4) 가깝지만 5) 걸려요.

으로/로[1]

1. 1) 으로 2) 로 3) 로 4) 으로 5) 로
2. 1) 전화로 예약했어요.
   2) 젓가락으로 드세요.
   3) 컴퓨터로 영화를 봤어요.
   4) 지하철로 학교에 가요.
   5) 이 주스는 사과로 만들었어요.

에서 까지

1. 1) 부산에서 제주도까지 배로 갔어요.
   2) 기숙사에서 학생식당까지 가까워요.
   3) 여기에서 저기까지 걸어서 갑시다.
   4) 8층에서 10층까지 식당이에요.
   5) 서울에서 뉴욕까지 얼마나 걸립니까?
2. 1) 집에서 회사까지 버스로 가요.
   2) 서울에서 부산까지 비행기로 갔어요.
   3) 학교에서 인사동까지 지하철로 갑시다.
   4) 서울에서 대전까지 1시간 걸려요.
   5) 가: 인천에서 시드니까지 얼마나 걸려요?
      나: 인천에서 시드니까지 10시간 걸려요.

16-2 지하철은 몇 분마다 와요?

어휘

1. 1) 삼성역 2) 내렸어요. 3) 어떻게
   4) 호선을 5) 코엑스

-어야/아야/여야 하다

1. 1) 약속을 지켜야 합니다.
   2) 영화표를 예매해야 합니다.
   3) 사무실에서 학생증을 받아야 합니다.
   4) 오늘 무엇을 해야 합니까?
   5) 학교에 몇 시까지 가야 합니까?
2. 1) 한국말로 이름을 써야 해요. 2) 열심히 공부해야 해요.
   3) 모레까지 해야 해요. 4) 회사에 가야 해요.
   5) 몇 분쯤 기다려야 해요?

마다

1. 1) 한 시간마다 쉬어요. 2) 아침마다 신문을 읽어요.
   3) 주말마다 아르바이트해요. 4) 일요일마다 무엇을 해요?
   5) 몇 분마다 지하철이 옵니까?
2. 1) 아침마다 샤워해요. 2) 금요일마다 영화를 봐요.
   3) 토요일마다 도서관에 가요. 4) 이 버스는 15분마다 와요.
   5) 일요일마다 체육관에 가요.

17-1 사거리에서 오른쪽으로 가세요

☆ 어휘

1. 1) 약국　2) 사거리, 오른쪽　3) 미터
4) 실례지만　5) 저

-으면/면

1.

보기 똑바로 갑니다	창문을 여세요.
1) 피곤합니다	우체국이 있어요.
2) 덥습니다	더 빨라요.
3) 오늘 바쁩니다	일찍 주무세요.
4) 지하철을 탑니다	내일 만납시다.
5) 매운 음식을 먹습니다	배가 아파요.

1) 피곤하면 일찍 주무세요.　2) 더우면 창문을 여세요.
3) 오늘 바쁘면 내일 만납시다.　4) 지하철을 타면 더 빨라요.
5) 매운 음식을 먹으면 배가 아파요.

2. 1) 사거리에서 오른쪽으로 가면 서점이 있어요.
2) 여기에서 3분쯤 가면 은행이 있어요.
3) 내일 날씨가 좋으면 산에 갈 거예요.
4) 시험을 잘 보고 싶으면 공부를 많이 하세요.
5) 교실이 추우면 창문을 닫으세요.

으로/로2

1. 1) 어디로 갈까요?　2) 이쪽으로 오십시오.
3) 3층으로 갑시다.　4) 신촌으로 가 주세요.
5) 잠실로 가는 버스를 타세요.

2. 1) 2층으로 가세요.　2) 저쪽으로 가세요.
3) 똑바로 가세요.　4) 종로로 가 주세요.
5) 왼쪽으로 가 주세요.

17-2 횡단보도를 건너서 왼쪽으로 오세요

☆ 어휘

1. 1) 횡단보도를, 건너세요　2) 보여요　3) 건너편　4) 거기

-요?

1. 1) 여기요?　2) 열 개요?　3) 도서관요?
4) 목요일요?　5) 고속버스요?

2. 1) 영화배우요?　2) 저쪽요?　3) 피시방요?
4) 금요일요?　5) 자전거요?

-어서/아서/여서2

1.

보기 길을 건넙니다	지하도로 내려가세요.
1) 버스에서 내립니다	오른쪽으로 가세요.
2) 의자에 앉습니다	책을 읽어요.
3) 아침에 일어납니다	세수를 해요.
4) 일본에 갔습니다	친구에게 보냈어요.
5) 카드를 썼습니다	맛있는 초밥을 먹었어요.

1) 버스에서 내려서 지하도로 내려가세요.
2) 의자에 앉아서 책을 읽어요.
3) 아침에 일어나서 세수를 해요.
4) 일본에 가서 맛있는 초밥을 먹었어요.
5) 카드를 써서 친구에게 보냈어요.

2-1. 1) 횡단보도를 건너서 오른쪽으로 가요.
2) 지하도로 내려가서 3번 출구로 나가요.
3) 남자 친구를 만나서 놀이공원에 갈 거예요.
4) 아침에 일어나서 텔레비전을 봐요.
5) 꽃을 사서 어머니께 드릴 거예요.

2-2. 1) 입고　2) 타고　3) 서서　4) 앉아서
5) 내려서　6) 건너서　7) 내려서　8) 걸어서
9) 보고　10) 먹고　11) 가서　12) 사서

18-1 비가 오는군요

☆ 어휘

1. 1) 일기예보를　2) 우산을 쓸까요?　3) 비가 와서
4) 가지고 왔으니까

-는군요/군요

1. 1) 한국말을 잘 하는군요.　2) 방이 깨끗하군요.
3) 드라마가 재미있군요.　4) 책을 많이 읽는군요.
5) 시험을 잘 봤군요.

2. 1) 피자가 맛있군요.　2) 열심히 공부하는군요.
3) 시험을 잘 봤군요.　4) 지하철에 사람이 많군요.
5) 표가 없군요.

-을/ㄹ 것 같다

1. 1) 파티가 재미없을 것 같습니다.
2) 존 씨가 노래를 잘 할 것 같습니다.
3) 언니가 이 선물을 좋아할 것 같습니다.
4) 제주도가 더울 것 같습니다.
5) 케이크가 너무 달 것 같습니다.

2. 1) 네, 에릭 씨가 바쁠 것 같아요.
2) 아니요, 샤워를 하지 않을 것 같아요.
3) 노라 씨가 커피를 마실 것 같아요.
4) 유키 씨가 사과를 먹을 것 같아요.
5) 비쌀 것 같아요.

18-2 벚꽃을 구경하면서 천천히 걸읍시다

☆ 어휘

1. 1) 소풍을 갈까요?　2) 피어요　3) 봄을　4) 벚꽃을

-는/은/ㄴ 것 같다

1. 1) 주앙 씨가 지금 이메일을 보내는 것 같아요.
2) 유키 씨가 어제 숙제를 하지 않은 것 같아요.
3) 오늘이 어제보다 더 쌀쌀한 것 같아요.
4) 마이클 씨가 미국 사람인 것 같아요.
5) 하늘 씨는 여자 친구가 있는 것 같아요.

2. 1) 우체국에 가는 것 같아요.
2) 존 씨가 자는 것 같아요.
3) 주앙 씨가 여자 친구하고 전화하는 것 같아요.
4) 흐엉 씨가 오늘 생일인 것 같아요.
5) 아니요, 유키 씨 집이 먼 것 같아요.

-으면서/면서

1. 1) 웃으면서 인사를 합니다.
2) 노래를 부르면서 샤워해요.
3) 휴대전화를 보면서 걷지 마세요.
4) 음악을 들으면서 요리를 합니다.
5) 케이크를 만들면서 이야기를 해요.

2. 1) 리타오 씨가 음악을 들으면서 공부해요.
2) 하늘 씨가 사진을 보면서 웃어요.
3) 레오 씨가 운전하면서 이야기해요.
4) 책을 읽으면서 친구를 기다렸어요.
5) 과일을 먹으면서 텔레비전을 봅시다.

19-1 토요일에 전주에 가려고 해요

☆ 어휘

1. 1) 민박집을 2) 민박하면 3) 전주 4) 아직

-으려고/려고 하다

1. 1) 한국친구와 많이 이야기하려고 합니다.
2) 금요일 저녁에 파티를 하려고 해요.
3) 여행을 가서 사진을 많이 찍으려고 해요.
4) 한국말을 배워서 한국 대학교에 가려고 합니다.
5) 오늘부터 게임을 하지 않으려고 합니다.

2. 1) 부산에 가려고 해요.
2) 친구들과 같이 점심을 먹으려고 해요.
3) 열심히 공부하려고 해요.
4) 펜션에서 자려고 해요.
5) 만나지 않으려고 해요.

-는 게 어때요?

1. 1) 한국말로 말하는 게 어때요?
2) 저 의자에 앉는 게 어때요?
3) 기차를 타는 게 어때요?
4) 고향 음식을 만드는 게 어때요?
5) 지하철역까지 걸어서 가는 게 어때요?

2. 1) 지하철을 타는 게 어때요?
2) 일요일에 만나는 게 어때요?
3) 게스트하우스에서 자는 게 어때요?
4) 삼계탕을 먹는 게 어때요?
5) 카페에서 공부하는 게 어때요?

19-2 여행 갈 준비를 하고 있어요

☆ 어휘

1. 1) 다 2) 모자를 3) 떠나 4) 싸려고

-고 있다

1. 1) 학교에 가고 있어요.
2) 음악을 듣고 있어요.
3) 풍선을 불고 있어요.
4) 기숙사에서 자고 있습니다.
5) 산에서 친구들하고 단풍 구경을 하고 있습니다.

2. 1) 숙제를 하고 있어요.
2) 잡지를 보고 있어요.
3) 아이와 놀고 있어요.
4) 사무실에서 전화하고 계세요.
5) 편의점에서 아르바이트를 하고 있었어요.

못

1. 1) 한국 잡지를 못 읽어요.
2) 음악을 들으면서 숙제를 못 해요.
3) 은행에서 돈을 못 바꿨어요.
4) 다음 주에 여행을 못 갈 것 같아요.
5) 춤을 못 춥니다.

2. 1) 골프를 못 쳐요. 2) 자주 전화를 못 합니다.
3) 잘 못 잤어요. 4) 아침을 못 먹었어요.
5) 선물을 못 샀습니다.

20-1 학기가 시작되기 전에 만날 수 있어요?

☆ 어휘

1. 1) 한번 2) 학기가 3) 시작되니까
4) 방학해서 5) 돌아왔어요.

-기 전에

1. 1) 밥을 먹기 전에 물을 마십니다.
2) 시험을 보기 전에 복습을 하세요.
3) 바지를 입기 전에 양말을 신어요.
4) 수업이 시작되기 전에 화장실에 갔어요.
5) 회사에 들어가기 전에 커피를 살까요?

2. 1) 회사에 가기 전에 아침을 먹었어요.
2) 아르바이트하기 전에 숙제했어요.
3) 친구들이 오기 전에 청소하세요.
4) 자기 전에 이 약을 드세요.
5) 영화를 보기 전에 이 옷을 샀어요.

-겠다[1]

1. 1) 제가 책을 읽겠습니다.
2) 이번 주말에 영화를 보겠습니다.
3) 아침마다 운동을 하겠습니다.
4) 형에게 무슨 선물을 주겠습니까?
5) 어디에 살겠습니까?

2. 1) 9시까지 학교에 오겠습니다.
2) 이 약을 세 번 먹겠습니다.
3) 우산을 가지고 가겠습니다.
4) 담배를 피우지 않겠습니다.
5) 비빔밥을 먹겠습니다.

20-2 세배할 거예요 맛있는 떡국도 먹고요

☆ 어휘

1. 1) 설날 2) 세배하 3) 댁 4) 떡국을

-지 않아요?

1. 1) 노래가 좋지 않아요?
   2) 이 옷은 너무 비싸지 않아요?
   3) 윤아 씨가 정말 친절하지 않아요?
   4) 레오 씨가 스키를 잘 타지 않아요?
   5) 내일 공항에 일찍 가야 하지 않아요?
2. 1) 저 배우가 정말 예쁘지 않아요?
   2) 한국말이 어렵지 않아요?
   3) 주앙 씨가 축구를 잘하지 않아요?
   4) 너무 춥지 않아요?
   5) 심심하지 않아요?

-고요

1. 1) 영화를 봐요. 저녁도 먹고요.
   2) 날씨가 추워요. 눈도 오고요.
   3) 기숙사 방이 작아요. 화장실도 없고요.
   4) 아름다운 경치를 구경했어요. 사진도 찍고요.
   5) 교실이 커요. 따뜻하고요.
2. 1) 날마다 복습을 해요. 예습도 하고요.
   2) 서핑할 수 있어요. 수영도 하고요.
   3) 종업원이 친절해요. 커피도 싸고요.
   4) 흐려요. 바람도 불고요.
   5) 쇼핑을 했어요. 친구도 만나고요.

색인

어휘 색인

ㅇ

문법 색인

English Version

새 연세한국어 어휘와 문법 1-2

별책부록

NEW YONSEI KOREAN Vocabulary and Grammar

연세대학교 한국어학당 편

연세대학교 출판문화원

Foreword

The Yonsei University Korean Language Institute ("Yonsei KLI") was established in 1959 as the first institute to provide Korean language courses. Yonsei KLI has published numerous Korean language teaching textbooks and conducted various studies on Korean language pedagogy commensurate with its long history and prestigious reputation as the world's leading Korean language institute. Yonsei KLI has imparted language skills and knowledge of Korea's rich cultural heritage to over 140,000 students from 147 countries. More recently, the institute has extended the learning environment beyond physical classrooms to the online space through the creation of MOOCs(Massive Open Online Course), which have received deep appreciation from those who wish to learn the Korean language but are unable to attend Yonsei KLI in person. To keep pace with the rapidly evolving educational environment, Yonsei KLI continues to relentlessly pursue various endeavors to update and develop new methods of and materials for teaching the Korean language.

Yonsei KLI has offered various regular, short-term, and the university Korean courses for those who are studying the Korean language for both general and special purposes. The institute has been deeply committed to developing teaching materials of the highest quality that cater to learners' needs. The textbooks created and published by Yonsei KLI have been satisfying the diverse needs of Korean language instructors and learners around the world to provide excellent teaching and learning experiences.

Yonsei KLI is now proud to present the "New Yonsei Korean" textbook series which follows in the steps of the "Yonsei Korean 1–6" series, the all-time favorite textbook series for learning the Korean language. Many scholars and instructors with years of hands-on Korean language teaching experience have been involved, and great deals of time and effort have been dedicated in its development. Their understanding of the best teaching practices and the needs of learners are incorporated into this new series.

The recently published "New Yonsei Korean" textbook series is comprised of six levels of vocabulary and grammar, speaking and writing, and listening and reading textbooks. "New Yonsei Korean Vocabulary and Grammar" textbook helps the Korean learners at each level in building and utilizing the key vocabulary words and grammatical concepts. "New Yonsei Korean Speaking and Writing" textbook focuses on speaking and writing exercises that enable learners to familiarize themselves with expressions that are essential for communication in Korean. "New Yonsei Korean Listening and Reading" textbook fosters

2 the comprehension skills appropriate for each level of the Korean language through listening and reading exercises. The three textbooks in each series can be used together as a package to help learners acquire balanced Korean language proficiency or may be used separately depending on the educational environment or individual learners' needs. Furthermore, an additional guidebook for the vocabulary and grammar textbook was provided to assist teachers with relatively less experiences.

Yonsei KLI will continue to dedicate time and energy to developing textbooks and teaching materials that can satisfy the needs and meet the expectations of Korean language learners around the world. Yonsei KLI hopes that this newly released textbook series will be of great help to numerous instructors both inside and outside of Korea doing their utmost to offer top-notch Korean language education and to all of the learners around the world striving to learn the Korean language.

The Yonsei University Institute of Language Research and Education

The Yonsei Korean Language Institute Textbook Compilation Committee

Introduction

Textbook Configuration

- There are a total of 40 sections, 20 units with 2 subsections.
- Each section has practice questions and each unit has review questions.
  (1 unit – 1 unit practice question – 2 sections – 2 sections of practice question)
- **Vocabulary:** Vocabularies from the dialogue and that are related to the topic of the unit and that 1st level learners should learn are presented.
- **Grammar:** There are total of four grammar in one unit, two in each section.
- **Practice question:** To practice grammar.
  -Number 1: Simple grammar practice by choosing particles or combining two sentences into one.
  -Number 2: To practice grammar in context by completing a conversation or looking at a picture and creating sentences.
- **Review question:** To confirm learning of vocabulary and grammar of the complete unit (two sections).
  -Number 1: Questions are combination of all the vocabulary of the unit.
  -Number 2: Questions are combination of all the grammar of the unit.
- **Model answer:** Practice questions and review questions have model answers to assist learners studying individually.
- **Index:** Each unit's vocabulary and grammar are alphabetically organized.
- **Supplement book:** Basic knowledge and explanation of Hangul is translated. Learners can easily practice using the supplement book that includes translated conversation, vocabulary, meaning and usage of grammar, and example sentences.

Details of the Unit

- **Section title:** The title is selected from the dialogue which contains target grammar.
- **Introduction picture:** Pictures displayed the theme of the section or the main conversation.
- **Introduction question:** Questions are related to the picture or the dialogue.
- **Dialogue:** Most of the dialogues are consist of 1~2 turn taking of two people.
- **Dialogue vocabulary:** New vacabularies from the dialogue are presented below.

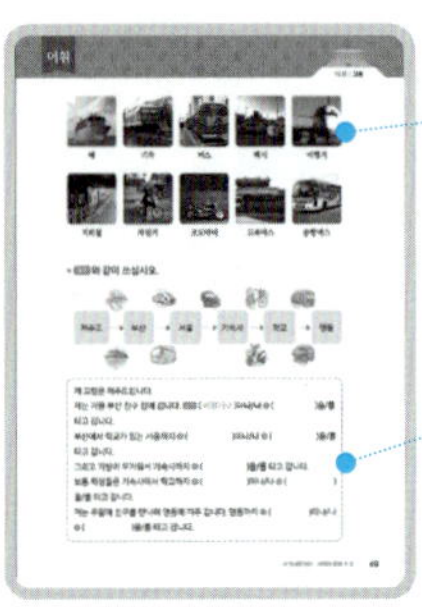

- **Extended vocabulary**
  Vocabularies that are related to the topic of the unit and that 1st level learners should learn are presented. Also, for learners to easily understand the presented vocabulary, illustration and pictures are included.
- **Vocabulary practice**
  Learners can confirm their understanding of the vocabulary by practicing speaking and writing with the picture.

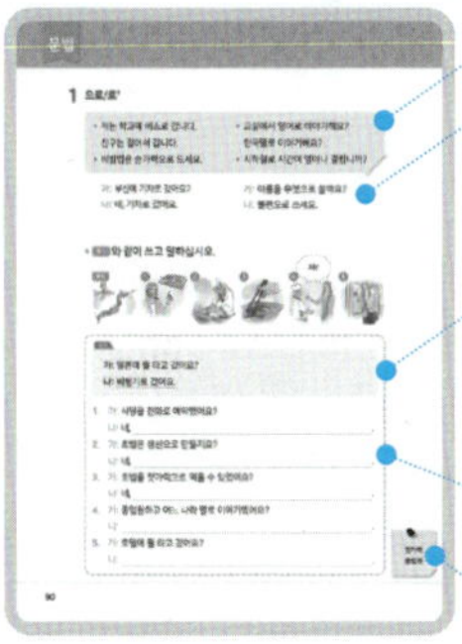

- **Grammar:** Provide grammar for the section.
- **Grammar example:** Learners can understand grammar through 4 example sentences. Translated sentences are listed in Supplement book.
- **Grammar conversation:** For learners to understand, two sample conversation is presented. However, only sentences are presented at the beginning of the book. Translated sentences are listed in Supplement book.
- **Grammar practice:** Learned grammar can be practiced in proper context with the help of <example>.
- **Additional vocabulary:** Vocabulary not learned are added.

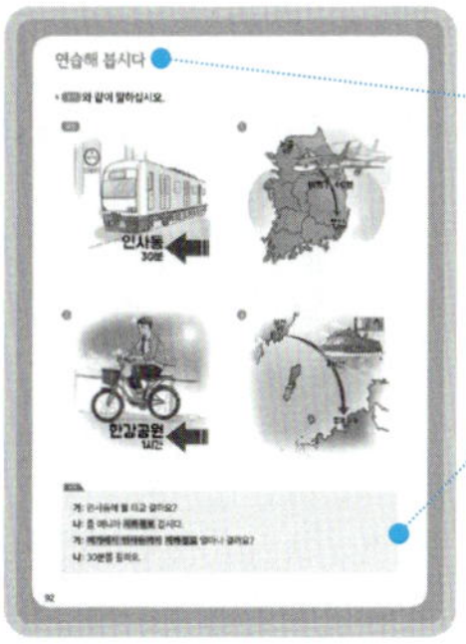

- **Let's practice**

  Grammar from each sections are combined and similarly formated into the dialogue. Model answers are also presented.
- **<Example> conversation:** Learners can easily practice from similarly formated conversation that was presented at the beginning.
- **Additional vocabulary:** Vocabulary not learned are added.

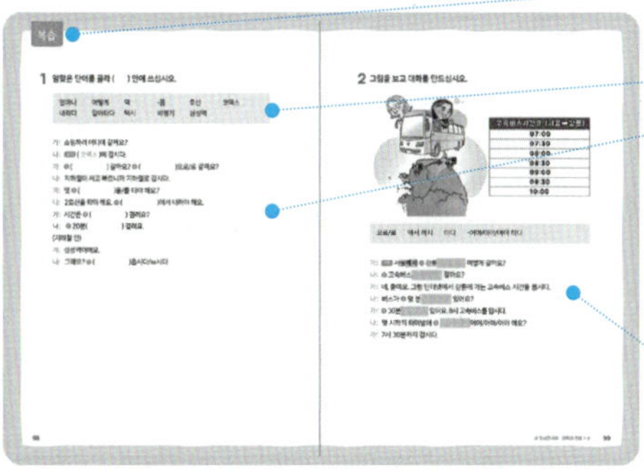

- **Review:** Unit vocabulary and grammar are practiced to confirm learning.
- **Vocabulary:** Learned vocabularies are presented.
- **Number1:** The question is combined the whole unit's vocabulary. As expanded vocabularies are practiced before, vocabulary from the conversation and additional vocabulary are reviewed and confirmed by number 1.
- **Number 2:** The question is presented to practice by combining four grammar into one discourse situation.

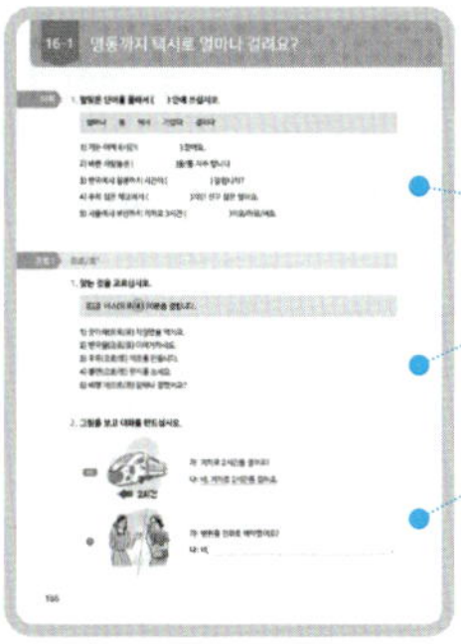

Excercise

- **Number 1:** For Practicing dialogue vocabulary.
- **Number 2:** Simple practice through selecting particles and combining two sentences.
- **Number 3:** Practice grammar in context through completing conversation and writing sentences by looking at the picture.

Contents Map

Unit	Lesson	Grammar	Dialogue Vocabulary	Vocabulary expansion
Unit 11 Appoint ment	<1> The weather is nice so let's go to the park.	-은 후에 -으니까[1]	appointment, Hangang park, sometimes, these days, to ride a bicycle	appointment time, appointment place, to keep appointment, to make appointment, to have appointment, to not have appointment • sometimes, everyday, often
	<2> I'm bored, do you want to go to an amusement park?	-는데[1] 이나[1]	amusement park, drama, to be bored, well	park, theater, amusement park, zoo, art gallery, museum, movie theater, cafe
Unit 12 Family	<1> What does your father do?	-으시다 께서	professor, college, farther, history, this person	younger brother, older sister(for male), parents, father, mother, older sister(for female), younger sister, older brother(for female), grandmother(on mother's side), grandfather(on mother's side), grandmother, grandfather, older brother(for male), sibling, to be(honorific), to eat/drink(honorific), to speak(honorific), to eat(honorific), to sleep(honorific)
	<2> My mother cooks well.	-으세요[1] -으세요[2]	cookie, what, dish, wow, this (thing)	to look around, to draw a picture, to read, to take a photo, to cook, to dance • who, who, who, what, what, what, what, this(thing), this(thing), this(thing), this(thing)

Unit	Lesson	Grammar	Dialogue Vocabulary	Vocabulary expansion
Unit 13 Shopping	<1> Should I buy a short skirt?	-은[1] 보다	how much/many, won, skirt, 'yes, it is(is it?)', to be long, to be short, more, ten thousand	price, shoes, ten thousand, pants, hundred, slippers, footwear, hundred thousand, shirt, umbrella, sneakers, thousand, skirt, coat, t-shirt, to be light, to be long, to be thick, to be heavy, to be expensive, to be cheap, to be thin, to be short
	<2> What are women's most favo-rite flowers?	-는 에[2]	a suffix to express plural, counting word for flower, twenty, rose, to find, most, Welcome	store, place, duty free shop, banana, department store, supermarket, market, socks, juice, cream bread, well • counting word for books, counting word for clothes, counting word for flowers, counting word for pen/pencil, counting word for paper, counting word for shoes/socks/gloves
Unit 14 Birthday	<1> I bought a cake for everyone.	에게 -을	everyone/all, gift, cake, cosmetics, to give a gift, later	thing, bouquet of flower, tie, gift certificate, birthday(honorific), CD, accessories, e-mail, doll, perfume, cosmetics, to give(honorific), to say(honorific), to say, to send, to contact(honorific), to contact, to greet(honorific), to greet, to call(honorific), to call, to give, so, however, and
	<2> This is a birthday cake we prepared.	-은[2] 르동사	chocolate, to pick, to prepare, to congratulate, really	here and there, to sing a birthday song, to pick a gift, to write a card, to cut cake, to blow a ballon • to pick, to be different, to not know, to sing, to be fast, to cut

Unit	Lesson	Grammar	Dialogue Vocabulary	Vocabulary expansion
Unit 15 Telephone	<1> Please tell me your telephone number.	-지요? -어 주다	telephone number, please, one moment	country code, telephone number, area code, cell phone
	<2> Did you receive a call from Yuki?	에게서 -을 수 있다	story, party, hello, to receive a call	news, to call, the line is busy, to receive a text message, to send a text message, call is coming, to make a call, to hang up a call, to put someone in the phone, to receive a call
Unit 16 Trasporta tion	<1> How long does it take to Myeong-dong by taxi?	으로[1] 에서 까지	taxi, to be close, to take(time), how long, about	express bus, airport bus, train, ship, bus, airplane, motorcycle, bicycle, chopsticks, employee, subway, taxi • hour/time
	<2> How often does the subway arrive?	-어야 하다 마다	Samsung station, Coex, subway line, to get off, how	express bus terminal, airport, station, bus stop, student ID card, to transfer, to turn off, to get off, to arrive, to depart, to get on • number
Unit 17 Get Directions	<1> Take a right at the inter-section.	-으면 으로[2]	meter, intersection, pharmacy, right side, excuse me, uhm	your side, right side, left side, this side, that side, basement, floor, hanbok, to ask, straight
	<2> Cross the crosswalk and go left.	-요? -어서[2]	there, the other side, across, crosswalk, to cross, to be seen	the other side, medicine, pedestrian overpass, underpass, exit, restroom, crosswalk, to cross, to exit, to go down, to enter, to go up

Unit	Lesson	Grammar	Dialogue Vocabulary	Vocabulary expansion
Unit 18 Weather and Seasons	<1> It's raining.	-는군요 -을 것 같다	weather forecast, to be warm, to bring, it's raining, to use an umbrella	object, to be warm, to be clean, to be cool, to be chilly, to be cloudy, it's snowing, wind is blowing, it's raining
	<2> Let's walk slowly while viewing the cherry blo-ssom.	-는 것 같다 -으면서	cherryblossom, spring, to blossom, to go on a picnic	season, snowman, popcorn, to snowfight, to see autumn leaves, to smoke a cigarette, to go on a picnic, to go to a beach • spring, summer, autumn, winter
Unit 19 Travel	<1> I'm going to Jeonju on Saturday.	-으려고 하다 -는 게 어때요?	bed and breakfast, Jeonju, to stay at bed and breakfast, not yet	guesthouse, bed and breakfast, travel, travel agency, membership resort, korean rental cottage, hotel, to make a plan, to go on a trip
	<2> I'm prepa-ring for a trip.	-고 있다 -못	hat, to leave, to pack, all	hat, sunglasses, medicine, passport, umbrella, charger, to wear(shoes), to wear(hat), to exchange money
Unit 20 Vacation and Holidays	<1> Can we meet before the semester starts?	-기 전에 -겠다[1]	semester, to come back, to vacation, to be started, once	end, vacation, during vacation, start, during semester, to vacation, vacation is over, vacation starts, semester is over, semester starts
	<2> We're going to do a New Year's bow. And eat delicious tteokguk.	-지 않아요? -고요	house(honorific), tteokguk(rice cake soup), New Year's day, to do New Year's bow	New Year's day, Children's day, lunar calendar, Christmas, Christmas tree, Hangul Proclamation day, vacation, holiday

Contents

Unit 11 Appointments

<1> The weather is nice so let's go to the park.

Dialogue

Eric: Do you have an appointment tomorrow?
John: No, I don't have an appointment.
Eric: Then, after the class, do you want to ride a bicycle? I sometimes ride the bicycle at the park.
John: Okay. The weather is nice these days so let's go to Hangang Park.

Dialogue Vocabulary

약속 appointment
한강공원 Hangang park
가끔 sometimes
요즘 these days
자전거를 타다 to ride a bicycle

Vocabulary expansion

약속 시간 appointment time
약속 장소 appointment place
약속을 지키다 to keep appointment
약속을 하다 to make appointment
약속이 없다 to not have appointment
약속이 있다 to have appointment
가끔 sometimes
날마다 everyday
자주 often

Grammar

1. -은/ㄴ 후에

- **Meaning and Usage**

This is added to the stem of first verb in order to indicate that another action is following after the first one.

- **Form**

-은 후에 is added when the stem ends in a consonant. -ㄴ 후에 is added when the stem ends in a vowel or ㄹ.

Action verb stem ending	Combine with	Example
자음	-은 후에	먹은 후에, 읽은 후에
모음, ㄹ	-ㄴ 후에	만난 후에, 만든 후에

- **Example**

복습을 한 후에 예습도 했어요.
After the review, I prepare the class.
저녁을 먹은 후에 항상 차를 마셔요.
After the dinner, I always drink tea.
책을 읽은 후에 같이 산책하러 갈까요?
After reading the book, do you want to go for a walk?
수업이 끝난 후에 보통 뭘 해요?
After the class, what do you usually do?

가: 같이 도서관에 갈까요?
A: Do you want to go to the library together?
나: 네, 점심을 먹은 후에 갑시다.
B: Yes, let's go after lunch.

가: 숙제를 한 후에 뭘 해요?
A: What do you do after your homework?
나: 요가를 배우러 가요.
B: I go to do yoga.

- **Note**

This should only be used with an action verb.

2. -으니까/니까[1](reason)

- **Meaning and Usage**

This is added to an action verb or a descriptive verb in order to express the reason or the ground for judgment for the following clause.

- **Form**

-으니까 is added when the stem ends in a consonant. -니까 is added when the stem ends in a vowel or ㄹ.

Action verb and descriptive verb stem ending	Combine with	Example
자음	-으니까	좋으니까, 먹으니까
모음, ㄹ	-니까	바쁘니까, 파니까

- **Example**

바쁘니까 우리 내일 만나요.
I'm busy so let's meet tomorrow.
친구가 기다리니까 빨리 가세요.
Your friend is waiting so go hurry.
교실이 더우니까 문을 열까요?
Classroom is hot, should we open the window?
숙제를 다 했으니까 게임을 해요.
Since we finished the homework, let's play games.

가: 운동하러 갈까요?
A: Do you want to go exercise?
나: 오늘은 피곤하니까 내일 갑시다.
B: Because I'm tired today, let's go tomorrow.

가: 다음 주에 시험이 있으니까 열심히 공부하십시오.
A: Because we have a test next week, study hard.
나: 네, 알겠습니다.
B: Yes, okay.

<2> I'm bored, do you want to go to an amusement park?

Dialogue

John: Haneul, I'm bored, do you want to go to an amusement park?
Haneul: Well, the amusement park is far so I don't want to go.
John: Then, what do you want to do?
Haneul: Let's watch a movie or drama at home.

Dialogue Vocabulary

놀이공원 amusement park 드라마 drama
심심하다 to be bored 글쎄요 well

Vocabulary expansion

공원 park 극장 theater
놀이공원 amusement park
동물원 zoo 미술관 art gallery
박물관 museum 영화관 movie theater
카페 cafe

Grammar

1. -는데/은데/ㄴ데[1](background of the suggestion)

- **Meaning and Usage**

This is added to the stem of an action verb or a descriptive verb in order to express the situation that the speaker knows in the first clause, and then to give a command or a suggestion of a possible action in that situation in the second clause.

- **Form**

-는데 is added after action verbs and after 있다 and 없다. -은데 is added after consonant-ending descriptive verb stems. -ㄴ데 is added after ㄹ or vowel-ending descriptive verb stems.

A leading stem	Combine with	Example
동사, 있다, 없다	-는데	먹는데, 가는데, 있는데
Consonant (형용사)	-은데	작은데, 좋은데, 싫은데
Vowel, ㄹ (형용사)	-ㄴ데	큰데, 친절한데, 먼데

- **Example**

피곤한데 좀 쉽시다.
I am tired, let's take a break.
늦었는데 빨리 가십시오.
We are late, let's hurry.
불고기가 맵지 않은데 불고기를 시킵시다.
The bulgogi is not spicy, let's order the bulgogi.
내일 오후에 시간이 있는데 같이 박물관에 갈까요?
I have time tomorrow afternoon, should we go to the museum together?

가: 숙제가 어려운데 같이 할까요?
A: Homework is hard, do you want to do it together?
나: 네, 카페에서 같이 합시다.
B: Yes, let's do the homework together at the cafe.

가: 어디에 가요?
A: Where are you going?
나: 지금 피시방에 가는데 같이 갑시다.
B: I'm going to PC room, let's go together.

2. -이나/나[1](choice)

- **Meaning and Usage**

This is added to a noun in order to list two or more items, as in 'or' in English, and it signifies only one option of the choices is selected.

- **Form**

이나 is added when a noun ends in a consonant. 나 is added when a noun ends in a vowel.

Noun ending	Combine with	Example
Consonant	이나	도서관이나, 교실이나
Vowel	나	축구나, 의자나

- **Example**

아침에는 빵이나 밥을 먹어요.
In the morning, I eat bread or rice.
주말에는 축구나 농구를 해요.
On the weekend, I play soccer or basketball.
친구와 같이 카페나 도서관에서 공부할 거예요.
My friend and I, go to the cafe or the library to study.
내일 동물원이나 놀이공원에 갈까요?
Shall we go to the zoo or the amusement park tomorrow?

가: 미술관이나 박물관에 가고 싶어요.
A: I want to go to an art gallery or a museum.
나: 그럼 오후에 박물관에 갈까요?
B: Then, shall we go to a museum in the afternoon?

가: 보통 주말에 뭘 해요?
A: What do you usually do on the weekends?
나: 탁구나 테니스를 자주 쳐요.
B: I often play ping pong or tennis.

Unit 12 Family

<1> What does your father do?

Dialogue

Haneul: Who is this person?
Yuki: He is my father.
Haneul: What does he do?
Yuki: He teaches history in college. He is a professor.

Dialogue Vocabulary

교수 professor
대학교 college
아버지 farther
역사 history
이분 this person

Vocabulary expansion

남동생 younger brother
누나 older sister(for male)
부모님 parents
아버지 father
어머니 mother
언니 older sister(for female)
여동생 younger sister
오빠 older brother(for female)
외할머니 grandmother(on mother's side)
외할아버지 grandfather(on mother's side)
할머니 grandmother
할아버지 grandfather
형 older brother(for male)
형제 sibling
계시다 to be(honorific)
드시다 to eat/drink(honorific)
말씀하시다 to speak(honorific)
잡수시다 to eat(honorific)
주무시다 to sleep(honorific)

Grammar

1. -으시다/시다

- **Meaning and Usage**

This is the honorific marker added to the stem of an action verb or a descriptive verb. It is used to elevate (show respect) to the subject of the sentence.

- **Form**

'-으시다' is added when the stem ends in a consonant. '-시다' is added when the stem ends in a vowel or ㄹ.

Action and descriptive verb stem ending	Combine with	Example
Consonant	-으시다	앉으실까요?, 읽으십니다
Vowel, ㄹ	-시다	가십니까?, 만드시는데

- **Example**

아버지는 은행원이십니다.
My father is a bank teller.
어머니는 요리를 하시고 저는 청소를 합니다.
My mother cooks and I clean.
누가 한국말을 가르치십니까?
Who is teaching Korean?
할아버지, 어디에 가십니까?
Grandfather, where are you going?

가: 선생님, 신문을 읽으십니까?
A: Teacher, do you read the newspaper?
나: 네, 신문을 읽습니다.
B: Yes, I read the newspaper.

가: 김우진 씨, 지금 무엇을 하십니까?
A: Woojin, what are you doing now?
나: 일합니다.
B: I'm working.

2. 께서

- **Meaning and Usage**

This is a particle added to a personal noun that is used to elevate (show respect) to the subject of the sentence.

- **Example**

어머니께서 창문을 닫으십니다.
My mother is closing the window.
선생님께서 친절하십니다.
My teacher is kind.
아버지께서 무슨 일을 하십니까?
What does your father do?
부모님께서 어디에 사십니까?
Where does your parents live?

가: 부모님께서 한국에 오십니까?
A: Dose your parents come to Korea?
나: 네, 부모님께서 한국에 오십니다.
B: Yes, my parents come to Korea.

가: 누가 주무십니까?
A: Who is sleeping?
나: 할머니께서 주무십니다.
B: Grandmother is sleeping.

- **Note**

Particle '께서' is matched with '-으시다/시다' for making honorific sentence.

<2> My mother cooks well.

Dialogue

Eric: Wow, what is this?
Nora: Have this cookie.
Eric: It's very delicious. Who made this?
Nora: My mother made it. She cooks well.

Dialogue Vocabulary

과자 cookie
요리 dish
이게 this (thing)
뭐 what
와 wow

Vocabulary expansion

구경하다 to look around
독서를 하다 to read
요리를 하다 to cook
누가 who
누굴 who
뭐 what
뭘 what
이걸 this (thing)
이게 this (thing)
그림을 그리다 to draw a picture
사진을 찍다 to take a photo
춤을 추다 to dance
누구 who
무엇 what
뭐가 what
이거 this (thing)
이건 this (thing)

Grammar

1. -으세요/세요[1](imperative)

- **Meaning and Usage**

This is added to an action verb in order to express a polite command or to make a suggestion to the listener that the speaker needs to show respect to. It is an inFormal Form of -으십시오/십시오.

- **Form**

-으세요 is added when the stem ends in a consonant. -세요 is added when the stem ends in a vowel or ㄹ.

Action verb stem ending	Combine with	Example
Consonant	-으세요	읽으세요, 닫으세요
Vowel, ㄹ	-세요	보세요, 파세요

- **Example**

책을 읽으세요.
Read a book.
여기를 보세요.
Look here.
창문을 닫으세요.
Close the window.
숙제를 하세요.
Do your homework.

가: 도서관 앞에서 기다리세요.
A: Wait in front of the library.
나: 네, 알겠습니다.
B: Yes, I will.

가: 창문을 열까요?
A: Should I open the window?
나: 아니요, 추우니까 열지 마세요.
B: No, it's cold, so don't open it.

- **Note**

This shluld only be used with an action verb.

2. -으세요/세요[1](declarative mode)

- **Meaning and Usage**

This is added to an action verb or a descriptive verb to give respect to the subject when explaining and questioning. It is inFormal expression of '-으십니다/십니다', '-으십니까/십니까?'.

- **Form**

-으세요 is added when the stem ends in a consonant. -세요 is added when the stem ends in a vowel or ㄹ.

Action verb and descriptive verb stem ending	Combine with	Example
Consonant	-으세요	읽으세요, 들으세요
Vowel, ㄹ	-세요	가세요, 사세요

- **Example**

어머니께서 잡지를 읽으세요.
My mother is reading a magazine.
부모님은 고향에 계세요.
My parents live in my hometown.
에릭 씨, 등산을 좋아하세요?
Eric, do you like hiking?
이분은 우리 선생님이세요.
This is our teacher.

가: 박 선생님께서 한국말을 가르치세요?
A: Dose Ms. Park teach Korean?
나: 네, 박 선생님께서 한국말을 가르치세요.
B: Yes, Ms. Park teaches Korean.

가: 어디에 사세요?
A: Where do you live?
나: 신촌에 살아요.
B: I live in Sinchon.

Unit 13 Shopping

<1> Should I buy a short skirt?

Dialogue

Nora: Yuki, I want to buy a skirt. How about that long skirt?
Yuki: Short skirt is prettier than long skirt.
Nora: Really? Then should I buy a short skirt?
Excuse me, how much is this?
Sales person: It's fifty thousand won.

Dialogue Vocabulary

얼마 how much/many
치마 skirt
짧다 to be short
만 ten thousand
원 won
길다 to be long
더 more
그래요 yes, it is(is it?)

Vocabulary expansion

값 price
만 ten thousand
백 hundred
십만 hundred thousand
우산 umbrella
천 thousand
코트 coat
가볍다 to be light
두껍다 to be thick
비싸다 to be expensive
얇다 to be thin
구두 shoes
바지 pants
슬리퍼 slippers
와이셔츠 shirt
운동화 sneakers
치마 skirt
티셔츠 t-shirt
길다 to be long
무겁다 to be heavy
싸다 to be cheap
짧다 to be short

Grammar

1. -은/ㄴ[1](determiner Form of descriptive verb)

- **Meaning and Usage**

This is added to a descriptive verb in order to modify the noun that follows it.

- **Form**

-은 is added when the stem ends in a consonant. -ㄴ is added when the stem ends in a vowel or ㄹ.

Descriptive verb stem ending	Combine with	Example
Consonant	-은	좋은, 작은
Vowel, ㄹ	-ㄴ	큰, 먼

- **Example**

윤아 씨가 예쁜 꽃을 샀어요.
Yuna bought a pretty flower.
이 가게에 싸고 좋은 물건이 많아요.
This store has many cheap and good items.
저는 재미있는 영화를 보고 싶어요.
I want to watch a fun movie.
가벼운 신발이 있어요?
Do you have a pair of light shoes?

가: 이 예쁜 아이가 누구예요?
A: Who is this lovely kid?
나: 제 동생이에요.
B: She's my younger sister/brother.

가: 어떤 가방을 살 거예요?
A: What kind of bag are you going to buy?
나: 작은 가방을 살 거예요.
B: I am going to by a small bag.

- **Note**

For **있다** and **없다**-, -는 is added.

2. 보다

- **Meaning and Usage**

This is added to a noun in order to express a comparison. It is used when comparing items of the same category.

- **Example**

동생이 저보다 커요.
My brother is bigger than me.
지하철이 버스보다 빠릅니다.
The subway is faster than the bus.
유키 씨는 커피보다 녹차를 더 좋아해요.
Yuki likes coffee more than green tea.
이것보다 큰 신발이 있어요?
Do you have a bigger shoes than this?

가: 서울이 제주도보다 추워요?
A: Is Seoul colder than Jeju-do?
나: 네, 서울이 제주도보다 추워요.
B: Yes, Seoul is colder than Jeju-do.

가: 누가 노래를 더 잘해요?
A: Who sings better?
나: 리타오 씨가 에릭 씨보다 노래를 잘 해요.
B: Letao sings better than Eric.

<2> What are women's most favorite flowers?

Dialogue

Owner: Welcome. What are you looking for?
Juang: What are women's most favorite flowers?
Owner: Roses are their favorite. One rose is five hundred won.
Juang: Then, give me twenty.

Dialogue Vocabulary

들 a suffix to express plural
송이 counting word for flower
스물(스무) twenty
장미 rose
찾다 to find
제일 most
어서 오세요 Welcome

Vocabulary expansion

가게 store
곳 place
면세점 duty free shop
바나나 banana
백화점 department store
슈퍼마켓 supermarket
시장 market
양말 socks
주스 juice
크림빵 cream bread
잘 well
권 counting word for books
벌 counting word for clothes
송이 counting word for flowers
자루 counting word for pen/pencil
장 counting word for paper
켤레 counting word for shoes/socks/gloves

Grammar

1. -는

- **Meaning and Usage**

This is added to an action verb and '있다, 없다' to modify the following noun. It expresses an action or movement occurring in present.

- **Example**

요즘 읽는 책이 재미있어요.
The book which I read now is interesting.
저는 춤을 잘 추는 사람을 좋아해요.
I like people who dances well.
잘하는 운동이 뭐예요?
What sport are you good at?
우리 반에서 제일 열심히 공부하는 학생이 누구예요?
Who is the most hard working student in our class?

가: 저 가수가 부르는 노래를 알아요?
A: Do you know the name of the song that singer is singing?
나: 네, 알아요. '아리랑'이에요.
B: Yes, it's Arirang.

가: 지금 사는 곳이 어디예요?
A: Where are you living now?
나: 신촌이에요.
B: I live in Sinchon.

- **Note**

This shoul only be used with an action vetb. For descriptive verb '-은/ㄴ' is used.

2. 에²(unit)

- **Meaning and Usage**

This is added to a counter or a numeral to specify the unit of bundling when expressing rates, prices, or measurements.

- **Example**

생선 한 마리에 오천 원이에요.
It is five thousand won per on fish.
사과 다섯 개에 만 원이에요.
It's ten thousand won per five apples.
연필 세 자루에 이천 원입니다.
It's two thousand won per three pencils.
양말 한 켤레에 얼마예요?
How much is a pair of socks?

가: 이 주스 얼마예요?
A: How much is this juice?
나: 한 병에 이천 원이에요.
B: A bottle is two thousand won.

가: 장미는 얼마예요?
A: How much is a rose?
나: 열 송이에 이만 팔천 원이에요.
B: It is twenty-eight thousand won per ten roses.

Unit 14 Birthday

<1> I bought a cake for everyone.

Dialogue

Olivia: Yuki, What are you getting Huang for a gift?
Yuki: Well, later I'm going to a department store.
Olivia: Nora, did you get a birthday gift for Huang?
Nora: Yes, I bought cosmetics. Also, I bought a cake for everyone.

Dialogue Vocabulary

모두 everyone/all
선물 gift
케이크 cake
화장품 cosmetics
선물하다 to give a gift
이따가 later

Vocabulary expansion

것 thing
꽃다발 bouquet of flower
넥타이 tie
상품권 gift certificate
생신 birthday(honorific)
시디 CD
액세서리 accessories
이메일 e-mail
인형 doll
향수 perfume
화장품 cosmetics
드리다 to give(honorific)
말씀드리다 to say(honorific)

말하다 to say　　보내다 to send
연락드리다 to contact(honorific)
연락하다 to contact
인사드리다 to greet(honorific)
인사하다 to greet
전화드리다 to call(honorific)
전화하다 to call　　주다 to give
그래서 so　　그렇지만 howerver
그리고 and

Grammar

1. 에게

• Meaning and Usage

This is added to a personal or animal noun in order to express that the noun it is attached to is the recipient of the action. It is mostly used with action verbs such as 주다 (to give), 보내다 (to send), 가르치다 (to teach), 빌려주다 (to lend). In colloquial speech, it can be replaced with 한테, and when a respectable person (a person that the speaker needs to show respect to) is the recipient of the action, 께 is used.

• Example

어제 동생에게 선물을 보냈어요.
Yesterday, I sent a gift to my brother.
오늘 저녁에 어머니께 전화드릴 거예요.
This evening, I will call my mother.
김 선생님께서 저에게 한국말을 가르치세요.
Mr. Kim teaches Korean to me.
친구한테 무엇을 줄까요?
What should we give to our friend?

가: 여자 친구한테 이메일을 보내요?
A: Do you send emails to your girlfriend?
나: 네, 여자 친구한테 가끔 이메일을 보내요.
B: Yes, I email her sometimes.

가: 누구에게 숙제공책을 드렸어요?
A: Who did you give your homework Notebook to?
나: 김 선생님께 숙제공책을 드렸어요.
B: I gave my homework Notebook to Mr. Kim.

2. -을/ㄹ

• Meaning and Usage

This is added to an action verb or a descriptive verb to modify the following noun. It is to express future situation, prediction, plan, and intentions.

• Form

-을 is added when an action verb stem ends in a consonant. -ㄹ is added when the stem ends in a vowel or ㄹ.

Action verb and descriptive verb stem ending	Combine with	Example
Consonant	-을	먹을, 앉을, 좋을
Vowel, 'ㄹ'	-ㄹ	볼, 만들, 깨끗할

• Example

내일 할 일이 많아요.
I have a lot of work to do tomorrow.
냉장고에 먹을 것이 없어요.
There is nothing to eat in the refrigerator.
주말에 볼 영화가 한국 영화예요.
The movie I am going to watch on the weekend is a Korean movie.
오후에 만날 사람이 있어요?
Do you have someone to meet in the afternoon?

가: 내일 만날까요?
A: Shall we meet tomorrow?
나: 미안해요, 바빠서 만날 시간이 없어요.
B: Sorry, I don't have the time to meet you cause I'm busy.

가: 어디에 가요?
A: Where are you going?
나: 저녁에 먹을 것을 사러 가요.
B: I'm going to buy something to eat for dinner.

<2> This is a birthday cake we prepared.

Dialogue

Nora: Huang, happy birthday. This is a birthday cake we prepared.
Huang: Wow, it's my favorite chocolate cake.
Nora: John and I picked it.
Huang: Thank you very much. Should we eat the cake together?

Dialogue Vocabulary

초콜릿 chocolate　　고르다 to pick
준비하다 to prepare　　축하하다 to congratulate
정말 really

Vocabulary expansion

여기저기 here and there
생일축하 노래를 부르다 to sing a birthday song
선물을 고르다 to pick a gift
카드를 쓰다 to write a card
케이크를 자르다 to cut cake
풍선을 불다 to blow a ballon

고르다 to pick	다르다 to be different
모르다 to not know	부르다 to sing
빠르다 to be fast	자르다 to cut

Grammar

1. -은/ㄴ²(determiner Form of action verb in past tense)

• Meaning and Usage

This is added to an action verb to modify the following noun. It expresses the movement or the action that occurred in the past or completed.

• Form

-은 is added when the stem ends in a consonant. -ㄴ is added when the stem ends in a vowel or ㄹ.

Action verb and descriptive verb stem ending	Combine with	Example
Consonant	-은	먹은, 앉은
Vowel, 'ㄹ'	-ㄴ	본, 만든

• Example

이것이 어제 산 운동화예요.
This is the sneaker I bought yesterday.
어제 먹은 비빔밥이 맛있었어요.
Bibimbap I ate yesterday was delicious.

지난주에 본 영화는 코미디 영화였어요.
The movie I saw last week was a comedy movie.
빨간 색 옷을 입은 사람이 누구예요?
Who is that wearing a red shirt?

가: 꽃을 샀어요?
A: Did you buy the flower?
나: 아니요, 친구가 준 꽃이에요.
B: No, my friend gave it to me.

가: 어제 먹은 불고기가 어땠어요?
A: How was the bulgogi you ate yesterday?
나: 아주 맛있었어요.
B: It was very delicious.

2. 르 동사

• Meaning and Usage

For some action verbs or descriptive verbs that their stem ends in '르', ending, 'ㅡ' is dropped and one more 'ㄹ' is added when followed by '아/어'. For Example, '빠르다' becomes '빨라요, 빨랐어요' and '부르다' becomes 불러요, '불렀어요'. These are called '르 verb'that includes descriptive verbs such as '다르다, 빠르다....' and action verbs such as '고르다, 모르다, 부르다, 자르다...'.

• Example

존 씨가 쉬는 시간에 노래를 불러요.
John sings during a break time.
저는 더워서 머리를 잘랐습니다.
I cut my hair because it was hot.
흐엉 씨가 한국말을 몰라서 대답하지 못했어요.
Huang couldn't answer because she doesn't know Korean.
두 사람은 성격이 많이 달라요?
Are they different a lot in character?

가: 영어를 알아요?
A: Do you know English?
나: 아니요, 저는 영어를 몰라요.
B: No, I don't know English.

가: 어제 노래방에서 무슨 노래를 불렀어요?
A: What kind of song did you sing yesterday at the singing room?
나: 저는 중국 노래를 불렀어요.
B: I sang Chinese music.

Unit 15 Telephone

<1> Please tell me your telephone number.

Dialogue

Yuki: Eric, you know John's phone number, don't you?
Eric: Yes, I do.
Yuki: Then, tell me his phone number.
Eric: Just a moment. It's 010-1223-3465.

Dialogue Vocabulary

전화번호 telephone number
좀 please　　잠깐만요 one moment

Vocabulary expansion

국가 번호 country code	전화번호 telephone number
지역 번호 area code	휴대전화 cell phone

Grammar

1. -지요?

• Meaning and Usage

This is added to an action verb or a descriptive verb in order to confirm an already-known state. It is an interrogative sentence ending that seeks agreement.

• Example

날씨가 춥지요?
The weather is cold, isn't it?

존 씨가 농구를 좋아하지요?
John like basketball, doesn't he?
흐엉 씨는 베트남사람이지요?
Huang is Vietnamese, isn't she?
어제 먹은 삼계탕이 맛있었지요?
Samgyetang from yesterday was delicious, wasn't it?

가: 장미가 예쁘지요?
A: The rose is pretty, isn't it?
나: 네, 아주 예뻐요.
B: Yes, it's very pretty.

가: 저 사람이 노라 씨예요?
A: Is that person Nora?
나: 네, 노라 씨가 태권도를 잘하지요?
B: Yes, Nora is good at Taekwondo, isn't she?

2. -어/아/여 주다

- **Meaning and Usage**

This is added to an action verb to express the action is for another person. It is used when requesting to others or assisting others.

- **Form**

-아 주다 is added when a final vowel of the action verb stem is ㅏ or ㅗ. When the final vowel of the stem is in any other vowel(ㅓ,ㅜ,ㅡ,ㅣ), -ㅓ 주다 is added. -여 주다(해 주다) is added when the action verb ends in 하다.

Action verb stem ending	Combine with	Example
ㅏ, ㅗ	-아 주다	잡아 주다, 도와 주다
other vowel (ㅓ, ㅜ, ㅡ, ㅣ)	-어 주다	써 주다, 웃어 주다, 만들어 주다, 기다려 주다
하	-여 주다 (해 주다)	전화해 주다

- **Example**

도와주세요.
Help me.
잠깐만 기다려 주십시오.
Please wait a moment.
선생님, 천천히 말씀해 주세요.
Teacher, please speak slowly.
어머니, 딸기 좀 사 주세요.
Mother, please buy me strawberries.

가: 지금은 바쁘니까 이따가 전화해 주세요.
A: I'm busy, please call me later.
나: 네, 알겠습니다.
B: Yes, okay.
가: 뭘 만들어 줄까요?
A: What would you like me to make for you?
나: 피자를 만들어 주세요.
B: Make me a pizza.

- **Note**

This should only be used with an action verb.

<2> Did you receive a call from Yuki?

Dialogue

Huang: Hello? Leo, did you receive a call from Yuki?
Leo: Yes, this morning. I heard about the party.
Huang: Then, can you come to the party?
Leo: Sorry. I'm busy so I can't go.

Dialogue Vocabulary

이야기 story
여보세요 hello
파티 party
전화를 받다 to receive a call

Vocabulary expansion

뉴스 news
전화하다 to call
통화중이다 the line is busy
문자메시지를 받다 to receive a text message
문자메시지를 보내다 to send a text message
전화가 오다 call is coming
전화를 걸다 to make a call
전화를 끊다 to hang up a call
전화를 바꾸다 to put someone in the phone
전화를 받다 to receive a call

Grammar

1. 에게서(한테서)

- **Meaning and Usage**

This is added to a personal noun in order to express the starting point of an action. It can be used interchangeably with 한테서.

- **Example**

날마다 부모님에게서 전화가 와요.
Everyday I receive the call from my parents.
친구에게서 재미있는 책을 빌렸어요.
I borrowed an interesting book from my friend.
리타오 씨한테서 중국말을 배울 거예요.
I am going to learn Chinese from Letao.
누구한테서 선물을 받았습니까?
Who did you receive the gift from?

가: 생일에 친구들에게서 선물을 받았어요.
A: I received a birthday gift from my friends.
나: 무슨 선물을 받았어요?
B: What kind of gift did you get?
가: 흐엉 씨, 그 이야기를 누구한테서 들었어요?

A: Huang, who did you hear the story from?
나: 주앙 씨한테서 들었어요.
B: I heard it from Juang.

- **Note**

This is used with action verbs such as '오다, 받다, 듣다, 빌리다, 배우다, etc.'

2. -을/ㄹ 수 있다(없다)

- **Meaning and Usage**

This is added to a verb in order to express the ability to do something or the possibility of an action. The negative Form is -을/ㄹ 수 없다.

- **Form**

-을 수 있다(없다) is added when the stem ends in a consonant. -ㄹ 수 있다(없다) is added when the stem ends in a vowel or ㄹ.

Action verb stem ending	Combine with	Example
Consonant	-을 수 있다(없다)	먹을 수, 읽을 수 있다(없다)
Vowel	-ㄹ 수 있다(없다)	할 수, 만날 수 있다(없다)

- **Example**

저는 운전을 할 수 있어요.
I can drive well.
노라 씨가 케이크를 만들 수 있어요.
Nora can bake a cake.
유키 씨가 매운 음식을 먹을 수 없습니다.
Yuki can't eat spicy food.
올리비아 씨, 내일 만날 수 있어요?
Olivia, can you meet me tomorrow?

가: 제 생일 파티에 올 수 있어요?
A: Can you come to my birthday party?
나: 네, 갈 수 있어요.
B: Yes, I can go.

가: 리타오 씨, 한국 신문을 읽을 수 있어요?
A: Letao, can you read Korean newspaper?
나: 아니요, 너무 어려워서 읽을 수 없어요.
B: No, it is too difficult so I cannot read.

Unit 16 Transportation

<1> How long does it take to Myeongdong by taxi?

Dialogue

Haneul: What should we take to Myeongdong?
Yuna: Let's take a taxi because my bag is heavy.
Haneul: How long does it take to Myeongdong by taxi?
Yuna: About 5 minutes. It's very close.

Dialogue Vocabulary

택시 taxi
걸리다 to take(time)
쯤 about
가깝다 to be close
얼마나 how long

Dialogue Vocabulary

고속버스 express bus
기차 train
버스 bus
오토바이 motorcycle
젓가락 chopsticks
지하철 subway
시간 hour/time
공항버스 airport bus
배 ship
비행기 airplane
자전거 bicycle
종업원 employee
택시 taxi

Grammar

1. 으로/로¹(means, method)

- **Meaning and Usage**

This is added to a noun in order to express a tool, method, means, or material used to do something.

- **Form**

으로 is added when a noun ends in a consonant. 로 is added when a noun ends in a vowel or in ㄹ.

Noun ending	Combine with	Example
Consonant	으로	숟가락으로, 볼펜으로
Vowel, ㄹ	로	한국어로, 지하철로

- **Example**

저는 학교에 버스로 갑니다. 친구는 걸어서 갑니다.
I take bus to school. My friend is walking.
교실에서 영어로 이야기해요? 한국말로 이야기해요?
In class, should we speak in English or Korean?
비빔밥은 숟가락으로 드세요.
Use spoon when eating bibimbap.
지하철로 시간이 얼마나 걸립니까?
How long does it take by subway?

가: 부산에 기차로 갔어요?
A: Did you go to Busan by a train?
나: 네, 기차로 갔어요.
B: I went by a train.

가: 이름을 무엇으로 쓸까요?
A: What should I use to write my name?
나: 볼펜으로 쓰세요.
B: Use a pen.

2. 에서 까지

- **Meaning and Usage**

This is added before a locative noun to express starting and ending points. It is used to show the starting and ending locations.

- **Example**

저는 집에서 학교까지 걸어서 가요.
I walk from my house to school.
인천에서 베이징까지 비행기로 2시간쯤 걸려요.
From Incheon to Beijing, it takes about 2 hours by airplane.
2층에서 6층까지 교실이에요.
From second floor to sixth floor are classrooms.
여기에서 집까지 가깝습니까?
Is it close to your house from here?

가: 집에서 학교까지 멀어요?
A: Is it far from your home to school?
나: 네, 조금 멀어요.
B: Yes, it's little far.

가: 서울에서 대전까지 얼마나 걸려요?
A: How long does it take from Seoul to Daejeon?
나: 고속버스로 2시간 반쯤 걸려요.
B: It takes about two and a half hours by an express bus.

<2> How often does the subway arrive?

Dialogue

Juang: How can I get to Coex from here?
Haneul: You have to take the subway line 2 and get off at the Samsung Station.
Juang: How often does the subway arrive?
Haneul: Every 10 minutes.

Dialogue Vocabulary

삼성역 Samsung station　코엑스 Coex
호선 subway line　내리다 to get off
어떻게 how

Vocabulary expansion

고속버스터미널 express bus terminal
공항 airport　역 station
정류장 bus stop　학생증 Student ID card
갈아타다 to transfer　끄다 to turn off
내리다 to get off　도착하다 to arrive
출발하다 to depart　타다 to get on
번 number　꼭 surely

Grammar

1. -어야/아야/여야 하다

- **Meaning and Usage**

This is added to an action verb or a descriptive verb in order to express a required condition or an action that must be taken. It can also be expressed as -어야 되다.

- **Form**

-아야 하다 is added when the final vowel in the stem is ㅏ or ㅗ. When the final vowel in the stem is any other vowels(ㅓ,ㅜ,ㅡ, ㅣ), -어야 하다 is added. -여야 하다(해야 하다) is added when the action verb stem ends in 하-.

Action verb and descriptive verb stem ending	Combine with	Example
ㅏ, ㅗ	-아야 하다	좋아야 하다, 살아야 하다
Other Vowel (ㅓ, ㅜ, ㅡ, ㅣ)	-어야 하다	먹어야 하다, 웃어야 하다 꺼야 하다, 기다려야 하다
하	-여야 하다 (해야 하다)	전화해야 하다

- **Example**

학교에 9시까지 와야 해요.
You have to come to school by 9 o'clock.
극장에서 휴대전화를 꺼야 합니다.
You have to turn off your cell phone in the theater.
도서관에서 조용히 해야 해요.
You have to be quiet in the library.
어디에서 버스를 타야 해요?
Where do I have to take a bus?

가: 예습과 복습을 해야 합니까?
A: Do I have to prepare and review?
나: 네, 예습과 복습을 해야 합니다.
B: Yes, you have to prepare and review.

가: 얼마나 기다려야 해요?
A: How long do I have to wait?
나: 10분쯤 기다리셔야 해요.
B: You have to wait about 10 minutes.

2. 마다

- **Meaning and Usage**

This is added to a temporal noun to signify occurring once at this time.

- **Example**

이 버스는 15분마다 옵니다.
This bus arrives every 15 minutes.
저는 주말마다 고향에 전화해요.
I call my hometown every weekend.
6시간마다 약을 드세요.
Take the medicine every 6 hours.
아침마다 공원에서 운동해요?
Do you exercise every morning at the park?

가: 날마다 아르바이트를 해요?
A: Do you work part time everyday?
나: 네, 날마다 해요.
B: Yes, everyday.

가: 공항버스는 몇 분마다 있습니까?
A: How often does airport bus arrive?
나: 30분마다 있습니다.
B: It comes every 30 minutes.

Unit 17 Get Direction

<1> Take a right at the intersection.

Dialogue

John: Uhm, excuse me, please tell me the direction.
Man: Where are you going?
John: Is there a pharmacy near here?
Man: Yes, there is a pharmacy 100 meters from here.
Take a right at that intersection.

Dialogue Vocabulary

미터 meter
사거리 intersection
약국 pharmacy
오른쪽 right side
실례지만 excuse me
저 uhm

Vocabulary expansion

그쪽 your side
오른쪽 right side
왼쪽 left side
이쪽 this side
저쪽 that side
지하 basement
층 floor
한복 hanbok
물어보다 to ask
똑바로 straight

Grammar

1. -으면/면

- **Meaning and Usage**

This is added to an action verb or a descriptive verb in order to express the condition for the action in the second clause.

- **Form**

-**으면** is added when the stem ends in a consonant. -**면** is added when the stem ends in a vowel or ㄹ.

Action verb and descriptive verb stem ending	Combine with	Example
Consonant	-으면	읽으면, 들으면
Vowel, ㄹ	-면	가면, 만나면, 살면

- **Example**

피곤하면 좀 쉬세요.
Take a rest if you are tired.
음악을 들으면 기분이 좋아요.
It feels good when you listen to music.
내일 비가 오면 축구를 하지 못해요.
I can't play soccer when it rains tomorrow.
시간이 있으면 만날까요?
Shall we meet if you have time?

가: 요즘 배우는 것이 어려워요.
A: It's hard to learn these days.
나: 어려우면 예습하세요.
B: Review if it's hard.

가: 어디에 가면 한복을 빌릴 수 있어요?
A: Where can I rent Hanbok?
나: 인사동에 가면 빌릴 수 있어요.
B: You can borrow Hanbok at Insadong.

2. 으로/로²(direction)

- **Meaning and Usage**

This is added to a noun in order to signify a direction.

- **Form**

으로 is added when a noun ends in a consonant. **로** is added when a noun ends in a vowel or ㄹ.

Noun ending	Combine with	Example
Consonant	으로	앞으로, 왼쪽으로
Vowel, ㄹ	로	위로, 아래로, 화장실로

• **Example**

이쪽으로 오세요.
Come this way.
사거리에서 왼쪽으로 가세요.
Take a left at the intersection.
교실 안으로 들어갑시다.
Let's go inside the classroom.
어느 쪽으로 갈까요?
Which way should we go?

가: 편의점이 어디에 있어요?
A: Where is a convenience store?
나: 지하 1층으로 가세요.
B: Go to first basement level.

가: 어디로 갈까요?
A: Where do you want to go?
나: 잠실로 가 주세요.
B: Please take me to Jamsil.

• **Note**

This is generally followed by action verbs like 가다 or 오다.

<2> Cross the crosswalk and go left.

Dialogue

Eric: Woojin, I am at the bus stop.
How do I get to your house from here?
Woojin: Do you see the Seoul Bank?
Eric: Seoul Bank? Yes, I see it.
Woojin: My house is across from the Seoul Bank.
Cross the crosswalk and go left.

Dialogue Vocabulary

거기 there
횡단보도 crosswalk
보이다 to be seen
건너편 the other side
건너다 to cross

Vocabulary expansion

건너편 the other side
육교 pedestrian overpass
출구 exit
횡단보도 crosswalk
나가다 to exit
들어가다 to enter
약 medicine
지하도 underpass
화장실 restroom
건너다 to cross
내려가다 to go down
올라가다 to go up

Grammar

1. 요?

• **Meaning and Usage**

This is a sentence ending that is added to a noun when the speaker is repeating what another person said in order to confirm or retort the statement.

• **Example**

누구요?
Who?
월요일요?
Monday?
커피 두 잔요?
Two cups of coffee?
어제 만난 친구요?
Friend I met yesterday?

가: 볼펜 한 자루 주세요.
A: Please give me a pen.
나: 이 볼펜요?
B: This pen?

가: 이 근처에 노래방이 있어요?
A: Is there a noraebang near here?
나: 노래방요?
B: Noraebang?

2. -어서/아서/여서²(sequence)

• **Meaning and Usage**

This is added to an action verb in order to connect two clauses based on the chronological order of the two actions.

• **Form**

-아서 is added when a final vowel in the action verb stem is ㅏ or ㅗ. When a final vowel in the action verb stem is any other vowel(ㅓ,ㅜ,ㅡ,ㅣ), -어서 is added. -여서(해서) is added when the action verb ends in 하다.

Action verb stem ending	Combine with	Example
ㅏ, ㅗ	-아서	가서, 팔아서
Other Vowel (ㅓ, ㅜ, ㅡ, ㅣ)	-어서	건너서, 만들어서, 일어나서
하	-여서(해서)	전화해서

• **Example**

노라 씨가 학교에 가서 공부해요.
Nora goes to school and study.
저는 아침에 일어나서 운동을 합니다.
I wake up in the morning and exercise.

길을 건너서 오른쪽으로 가세요.
Cross the street and turn right.
존 씨, 어제 뭘 만들어서 먹었어요?
John, what did you make and eat yesterday?

가: 어제 약을 사서 먹었어요?
A: Did you buy and take the medicine yesterday?
나: 네, 약을 사서 먹었어요.
B: Yes, I bought and took my medicine.

가: 화장실이 어디예요?
A: Where is a bathroom?
나: 교실에서 나가서 오른쪽으로 가세요.
B: Get out of the classroom and take a right.

- **Note**

This should only be used with an action verb. With a descriptive verb, it helps to explain a cause of following action. Only the root Form of verb is coupled with '-어서/아서/여서'.

Unit 18 Weather and Seasons

<1> It's raining.

Dialogue

Yuki: It's raining. Nora, do you have an umbrella?
Nora: Yes, I saw the weather forecast and brought an umbrella. Let's use my umbrella together.
Yuki: Thanks. Does it look like it's going to rain a lot?
Nora: Yes, it does. It's cold because of the rain, do you want to go and get a warm cup of tea?

Dialogue Vocabulary

일기예보 weather forecast
따뜻하다 to be warm
가지고 오다 to bring
비가 오다 it's raining
우산을 쓰다 to use an umbrella

Vocabulary expansion

물건 object
맑다 to be clear
쌀쌀하다 to be chilly
눈이 오다 it's snowing
비가 오다 it's raining
따뜻하다 to be warm
선선하다 to be cool
흐리다 to be cloudy
바람이 불다 wind is blowing

Grammar

1. -는군요/군요

- **Meaning and Usage**

This is a sentence ending that is added to an action verb or a descriptive verb in order to express a feeling of exclamation at a newly learned fact. It is generally used as the speaker is looking at or listening to a scene or a situation at the time of speaking.

- **Form**

-는군요 is added to the stem of a action verb, and -군요 is added to the stem of a descriptive verb.

The type of verb	Combine with	Example
Action verb	-는군요	오는군요, 듣는군요
Descriptive verb	-군요	많군요, 바쁘군요

- **Example**

날씨가 좋군요.
The weather is nice.
유키 씨가 한국말을 참 잘 하는군요.
Yuki is very good at speaking Korean.
여기가 명동이군요.
Here is Myeongdong.
마이클 씨가 고향에 돌아갔군요.
Michael returned to his hometown.

가: 제 방이에요.
A: This is my room.
나: 예쁜 물건이 많군요.
B: You have a lot of pretty things.

가: 저는 날마다 도서관에서 공부해요.
A: I study everyday at a library.
나: 열심히 공부하는군요.
B: You're studying hard.

- **Note**

For '있다','없다'the Form '있군요','없군요'are used.

2. -을/ㄹ 것 같다

- **Meaning and Usage**

This is added to an action verb and a descriptive verb to express an assumption of the speaker about things that is not experienced or happened yet.

- **Form**

-을 것 같다 is added when the stem ends in a consonant.
-ㄹ 것 같다 is added when the stem ends in a vowel or ㄹ.

Action verb and descriptive verb stem ending	Combine with	Example
Consonant	-을 것 같다	늦을 것 같다, 많을 것 같다
Vowel, ㄹ	ㄹ 것 같다	올 것 같다, 알 것 같다

- **Example**

오후에 눈이 올 것 같아요.
It looks like it will snow in the afternoon.
약속시간에 늦을 것 같아요.
I think, I will be late for the appointment.
김치가 매울 것 같아요.
I think, the kimchi looks spicy.
휴가철이어서 비행기 표가 없을 것 같아요.
I think, they will not have plane tickets because of vacation period.

가: 시험이 어려울 것 같아요?
A: Do you think the test will be difficult?
나: 네, 아주 어려울 것 같아요.
B: Yes, I think it will be very difficult.

가: 에릭 씨가 언제 올 것 같아요?
A: When do you think Eric will come?
나: 요즘 일이 많아서 늦게 올 것 같아요.
B: He's busy these days so he will be late.

<2> Let's walk slowly while viewing the cherry blossom.

Dialogue

Olivia: Many people are getting off at the Hangang Park.
Nora: It's warm in the spring so there are many people going on a picnic.
Olivia: The scenery is beautiful with cherry blossom, isn't it?
Nora: Yes, let's walk slowly while viewing the cherry blossom.

Dialogue Vocabulary

벚꽃 cherryblossom
봄 spring
피다 to blossom
소풍을 가다 to go on a picnic

Vocabulary expansion

계절 season
눈사람 snowman
팝콘 popcorn
눈싸움을 하다 to snowfight
단풍 구경을 하다 to see autumn leaves
담배를 피우다 to smoke a cigarette
소풍을 가다 to go on a picnic
해수욕장에 가다 to go to a beach
봄 spring
여름 summer
가을 autumn
겨울 winter

Grammar

1. -는/은/ㄴ 것 같다

- **Meaning and Usage**

This is added to an action verb or a descriptive verb when a speaker is expressing an assumption. When the assumption is about current action, '-는 것 같다' is applied to an action verb and about condition and attribute of an object, '-은/ㄴ 것 같다' is applied to a descriptive verb. Furthermore, if an assumption is about the action that is already completed in the past, '-은/ㄴ 것 같다' is applied to an action verb.

- **Form**

-는 것 같다 is added to action verb stems or **있다** and **없다** stems. For consonant ending stems of descriptive verbs, **-은 것 같다** is added. For vowel or ㄹ ending stems of descriptive verbs, **-ㄴ것 같다** is added.

Verb stem ending	Combine with	Example
Action verb, 있다, 없다	-는 것 같다	오는 것 같다, 있는 것 같다
Vowel, ㄹ (descriptive verb)	-ㄴ 것 같다	아픈 것 같다, 먼 것 같다
Consonant (descriptive verb)	-은 것 같다	많은 것 같다

- **Example**

비가 오는 것 같아요.
I think it is raining.
동생이 아픈 것 같아요.
I think, my brother is sick.
친구가 집에 없는 것 같아요.
I think, my friend is not at home.
리타오 씨가 시험을 잘 본 것 같아요.
I think, Letao did well on the test.

가: 레오 씨가 무슨 음식을 만들어요?
A: What kind of food is Leo making?
나: 샌드위치를 만드는 것 같아요.
B: I think he's making a sandwich.

가: 누가 이 카드를 썼어요?
A: Who wrote this card?
나: 아이가 쓴 것 같아요.
B: I think a child wrote it.

2. -으면서/면서

• **Meaning and Usage**

This is added to an action verb or a descriptive verb to indicate that the subject dose more than two actions at the same time or there are more than one attributes.

• **Form**

- -으면서 is added when the stem ends in a consonant. -면서 is added when the stem ends in a vowel or ㄹ.

Action verb and descriptive verb stem ending	Combine with	Example
Consonant	-으면서	먹으면서, 읽으면서, 좋으면서
Vowel, ㄹ	-면서	가면서, 살면서, 깨끗하면서

• **Example**

TV를 보면서 식사를 해요.
I eat while watching TV.
친구하고 같이 이야기하면서 걸어가요.
I walk with my friend while talking.
피아노를 치면서 노래를 불렀어요.
I sing while playing the piano.
음악을 들으면서 공부할까요?
Do you want to study while listening to music?

가: 팝콘을 살까요?
A: Shall we buy a popcorn?
나: 네, 팝콘을 먹으면서 영화를 봅시다.
B: Yes, Let's eat a popcorn and watch the movie.

가: 뭘 하면서 친구를 기다려요?
A: What do you do while waiting for a friend?
나: 게임을 하면서 기다려요.
B: I play a game while waiting.

Unit 19 Travel

<1> I'm going to Jeonju on Saturday.

Dialogue

Olivia: I'm going to Jeonju on Saturday.
Yuna: Really? Where will you sleep?
Olivia: I don't know yet. Yuna, tell me a place if you know.
Yuna: How about a bed and breakfast? I know a good place.

Dialogue Vocabulary

민박집 bed and breakfast 전주 Jeonju
민박하다 to stay at bed and breakfast
아직 not yet

Vocabulary expansion

게스트하우스 guesthouse 민박집 bed and breakfast
여행 travel 여행사 travel agency
콘도 membership resort 펜션 korean rental cottage
호텔 hotel 계획을 세우다 to make a plan
여행을 가다 to go on a trip

Grammar

1. -으려고/려고 하다

• **Meaning and Usage**

This is added to an action verb in order to express your will or intention to do an action.

• **Form**

-으려고 하다 is added when the stem ends in a consonant. -려고 하다 is added when the stem ends in a vowel or ㄹ.

Action verb stem ending	Combine with	Example
Consonant	-으려고 하다	앉으려고 하다, 입으려고 하다
Vowel, ㄹ	-려고 하다	가려고 하다, 살려고 하다

• **Example**

저는 저녁에 한식을 먹으려고 해요.
I am going to eat Korean for dinner.
저는 주말에 단풍구경을 하려고 해요.
I am going to see the autumn leaves this weekend.
에릭 씨가 오후에 은행에 가서 돈을 찾으려고 해요.
Eric is going to the bank this afternoon to withdraw money.
올리비아 씨, 도서관에서 무슨 책을 빌리려고 해요?
Olivia, which book are you going to borrow at the library?

가: 내일은 바다를 보러 가려고 해요.
A: I'm going to see the ocean tomorrow.
나: 그래요? 같이 갑시다.
B: Really? Let's go together.

가: 존 씨는 한국말을 배워서 뭘 하려고 해요?
A: John, what are you going to do after learning Korean?
나: 한국말을 가르치고 싶어요.
B: I want to teach Korean.

- **Note**

This should only be used with an action verb.

2. -는 게 어때요?

- **Meaning and Usage**

This is added to an action verb in order to make a suggestion or proposal to do something.

- **Example**

5시쯤 만나는 게 어때요?
How about meeting around 5 o'clock?
금요일인데 한잔하는 게 어때요?
How about a drink on Friday?
머리가 아프면 약을 먹는 게 어때요?
How about taking a medicine if yoy have a headache?
여름이니까 바다에 가는 게 어때요?
How about going to a beach because it is summer?

가: 수업이 너무 어려워요.
A: The class is very difficult.
나: 어려우면 예습을 하는 게 어때요?
B: How about preparing for the lesson?

가: 날마다 한국 음식을 먹었어요.
A: I ate Korean food everyday.
나: 그럼 오늘은 베트남 음식을 먹는 게 어때요?
B: Then how about eating Vietnamese food today?

- **Note**

This should only be used with an action verb. '있다' can be used occasionally.

<2> I'm preparing for a trip.

Dialogue

Yuna: Nora, what are you doing?
Nora: I'm preparing for a trip. I'm leaving tomorrow to Vietnam.
Yuna: Did you pack your bag?
Nora: No, not yet. I have to buy a hat.

Dialogue Vocabulary

모자 hat
싸다 to pack
떠나다 to leave
다 all

Vocabulary expansion

모자 hat
약 medicine
우산 umbrella
선글라스 sunglasses
여권 passport
충전기 charger
신다 to wear(shoes)
쓰다 to wear(hat)
돈을 바꾸다 to exchange money

Grammar

1. -고 있다

- **Meaning and Usage**

This is added to an action verb in order to express that an action is currently being taken place or that it is continuing.

- **Example**

노라 씨가 가방을 싸고 있어요.
Nora is packing her bag.
저는 아까 책을 읽고 있었습니다.
I was reading the book before.
저기에서 춤을 추고 있는 사람이 누구예요?
Who is that dancing over there?
리타오 씨가 샤워를 하고 있어서 전화를 못 받았어요.
Letao could not pickup his phone because he was taking a shower.

가: 식사하고 있어요?
A: Are you having a meal?
나: 아니요, 저는 텔레비전을 보고 있어요.
B: No, I'm watching television.

가: 지금 뭘 해요?
A: What are you doing now?
나: 저는 음악을 듣고 있어요.
B: I'm listening to music.

- **Note**

This should only be used with an action verb.

2. 못

- **Meaning and Usage**

This is added in front of a an action verb in order to express the impossibility to do something or the lack of ability to do something.

- **Example**

저는 바빠서 모임에 못 가요.
I am busy so I can not make it to the meeting.
노라 씨, 왜 호텔 예약을 못 했어요?
Nora, why didn't you make a reservation for the hotel?
너무 시끄러워서 유키 씨가 선생님 말씀을 못 들었어요.
It is too noisy so Yuki can not hear what the teacher is saying.
제 동생은 한글을 몰라서 책을 못 읽어요.
My brother does not know Korean so he can not read.

가: 맥주를 마시면서 이야기합시다.
A: Let's drink a beer and talk.
나: 미안하지만 저는 맥주를 못 마십니다.
B: Sorry but I can't drink a beer.

가: 레오 씨, 숙제했지요?
A: Leo, did you do the homework?
나: 아니요, 어제 너무 아파서 숙제를 못 했어요.
B: No, I was sick yesterday so I couldn't do it.

- **Note**

This should only be used with an action verb. It can be used as '-지 못하다'

Unit 20 Vacation and Holidays

<1> Can we meet before the semester starts?

Dialogue

Nora: Letao, Are you going to your hometown when the vacation starts?
Letao: Yes, I'll go to my hometown.
Nora: Can we meet before the semester starts?
Letao: Yes, I'll call you when I get back.

Dialogue Vocabulary

학기 semester
방학하다 to vacation
한번 once
돌아오다 to come back
시작되다 to be started

Vocabulary expansion

끝 end
방학중 during vacation
학기 중 during semester
방학 vacation
시작 start
방학하다 to vacation
방학이 끝나다 vacation is over
방학이 시작되다 vacation starts
학기가 끝나다 semester is over
학기가 시작되다 semester starts

Grammar

1. -기 전에

This is added to an action verb in order to express that the second action take place before the first action.

- **Example**

밥을 먹기 전에 손을 씻어요.
Wash your hands before eating.
자기 전에 세수하고 이를 닦았어요.
I brushed my teeth and washed up before sleeping.
친구를 만나기 전에 숙제를 하세요.
Do your homework before meeting your friend.
여행을 가기 전에 무엇을 준비해야 해요?
What are you going to prepare before your trip?

가: 방학이 끝나기 전에 같이 여행을 갈까요?
A: Do you want to go on a trip before the vacation is over?
나: 네, 좋아요. 그럽시다.
B: Yes, I like to. Let's do it.

가: 언제 아침을 먹었어요?
A: When did you have a breakfast?
나: 학교에 오기 전에 먹었어요.
B: I ate before coming to school.

- **Note**

This should only be used with an action verb.

2. -겠다[1]

- **Meaning and Usage**

This is added to an action verb to express what the speaker is going to do, speaker's intention, or asking for the listener's intention.

- **Example**

제가 내일 전화하겠습니다.
I will call you tomorrow.
저는 이번 방학에 여행을 가겠어요.
I will travel for this vacation.
뭘 드시겠습니까?
What will you have?
무슨 음식을 만들겠어요?
What will you cook?

가: 이 일을 내일까지 하세요.
A: Do this work by tomorrow.
나: 네, 내일까지 하겠습니다.
B: Yes, I'll do it by tomorrow.

가: 누가 여기에 앉겠습니까?
A: Who will sit here?
나: 제가 앉겠습니다.
B: I'll sit there.

- **Note**

This should only be used with an action verb.

<2> We're going to do a New Year's bow. And eat delicious tteokguk.

Dialogue

Huang: Isn't there too many people at the department store today?
Juang: Yes, there are many people here to buy New Year's day gifts.
Huang: Juang, what will you do in the New Years day?
Juang: My brother and I will go to my grandfather's and do New Year's bow. We're going to eat delicious tteokguk.

Dialogue Vocabulary

댁 **house(honorific)**　　떡국 **tteokguk(rice cake soup)**
설날 **New Year's day**　　세배하다 **to do New Year's bow**

Vocabulary expansion

설날 **New Year's day**　　어린이날 **Children's day**
음력 **lunar calendar**　　크리스마스 **Christmas**
크리스마스트리 **Christmas tree**
한글날 **Hangul Proclamation day**
휴가 **vacation**　　휴일 **holiday**

Grammar

1. -지 않아요?

- **Meaning and Usage**

This is added to an action verb or a descriptive verb in order to confirm a fact or to ask for agreement/consent.

- **Example**

교실이 좀 덥지 않아요?
Isn't the classroom hot?
혼자 일하면 힘들지 않아요?
Isn't it difficult to work alone?
에릭 씨는 술을 못 마시지 않아요?
Does Eric not drink?
우진 씨가 민철 씨보다 일을 잘하지 않아요?
Doesn't Woojin work better than Minchul?

가: 집에 텔레비전이 없어요.
A: I don't have a television in my house.
나: 심심하지 않아요?
B: Aren't you bored?

가: 주앙 씨가 춤을 정말 잘 추지 않아요?
A: Doesn't Juang dance very well?
나: 네, 정말 잘 추는군요.
B: Yes, Juang dances very well.

2. -고요

- **Meaning and Usage**

This is added to an action verb or a descriptive verb to present additional inFormation to the statements that is already spoken by the speaker or the listener.

- **Example**

비가 많이 와요. 바람도 불고요.
It is raining a lot. And it's windy.
이 식당 음식이 맛있어요. 값도 싸고요.
This restaurant has delicious food. And the price is cheap.
추석에 가족을 만나요. 맛있는 음식도 먹고요.
I will meet my family at Chuseok. And I will eat delicious food.
우진 씨가 재미있어요. 친절하고요.
Woojin is funny. And he is kind.

가: 제주도가 아름답지요?
A: Jeju-do is beautiful, isn't it?
나: 네, 아름다워요. 사람들도 친절하고요.
B: Yes, it's beautiful. And people are kind.

가: 여행을 가서 무엇을 했어요?
A: What did you do on your trip?
나: 여기저기 구경했어요. 쇼핑도 하고요.
B: I looked around here and there. And went shopping.